回勅 兄弟の皆さん

教皇フランシスコ

FRANCISCI

SUMMI PONTIFICIS

LITTERAE ENCYCLICAE

FRATELLI TUTTI

カトリック中央協議会

目次

（装丁は、故・桂川潤氏のデザインをもとに制作）

教皇フランシスコ　回勅　兄弟の皆さん

兄弟愛と社会的友愛について

1　「フラテッリ・トゥッティ（兄弟の皆さん）[1]」。アッシジの聖フランシスコはこのことばを、すべての兄弟姉妹に語りかけるために、そして福音が香る生き方を勧めるために用いました。わたしは彼の訓戒の中から、地理的・空間的な壁を乗り越える愛へと招くものを強調したいと思います。それは、「離れていても、一緒にいるときと同じように兄弟[2]」を愛する人は、幸せであると述べています。彼はこの短く簡単なことばで、開かれた兄弟愛の本質を表現しました。身体的な近しさを超え、生まれや住む世界といった場所を超え、一人ひとりを認め、尊重し、愛することを可能にする兄弟愛です。

2　わたしに回勅『ラウダート・シ』を書くよう促した、兄弟愛、質素、喜びのこの聖人が、今また、この新たな回勅を兄弟愛と社会的友愛にささげる動機を与えてくれます。自分を太陽、海、風の兄弟だと感じていた聖フランシスコは、自分と同じ人間とは、なおさら結ばれていることを知っていたのです。彼は至るところに平和の種を蒔《ま》き、貧しい人、見捨てられた人、病気の人、除《の》け者にされた人、隅に置かれた人のそばにあって歩みました。

境界なく

3　フランシスコの人生には、出自、国籍、肌の色、宗教の違いを乗り越えることのできる、隔てのない心を示す出来事があります。それは、エジプトでのスルターン・マリク・アル＝カーミル訪問です。彼の貧しさ、わずかな手持ち、隔たり、そして言語、文化、宗教の違いゆえに、訪問には多大な労力を要しました。あの十字軍の時代に、この旅は、すべての人を抱きしめたいと切望し、彼が生きたいと願ったその愛の壮大さを、いっそうはっきり示したのです。主に対する彼の忠実さは、兄弟姉妹への愛と比例していました。困難と危険から目をそらさずに、聖フランシスコは、弟子たちに要求したのと同じ態度でスルターンに会いに行きました。つまりそれは、「回教徒や非キリスト教徒の……間」に行く際の、自らのアイデンティティは否定せずに、「口論や争いをせず、神のためにすべての人に従う態度です。(3)あの時代背景においては、それは無謀ともいえる要求でした。八百年前にフランシスコが、自身と同じ信仰をもたない人々に対してさえ、何であれ攻撃や争いを避け、謙虚で兄弟的な「服従」を生きるよう招いていることは、わたしたちを感銘させます。

4　彼は教義を押しつけることで論争を引き起こしはせず、むしろ神の愛を伝えました。「神は愛です。愛にとどまる人は、神の内にとどまる」（一ヨハネ4・16）――彼はこのことを理解していました。このようにして彼は、兄弟的な社会という夢を呼び覚ます、創意あふれる父となったのです。「自身の動きに他なる存在が加わるのを受け入れる人だけが、しかも他者を自分のもとにとどめるためではなく、その人がよりいっそう自己を実現するのを助けるためにそうする人だけが、真の父となる」(4)からです。監視塔と防護壁だらけのその世界では、締め出された周縁部の悲惨な地域が拡大していく中、都市では権力をもった家どうしの血なまぐさい争いが続いていました。そんな中でフランシスコは、自らの内奥にまことの平和を保ち、他者を支配しようとするいかなる欲望からも解放されて、虐げられた人々の一員となり、すべての人と調和して生きようとしました。この回勅の創作意欲をかき立ててくれたのはフランシスコです。

5　兄弟愛と社会的友愛に関する問題は、わたしがつねに気にかけてきたことです。この数年間、それらについて繰り返し、さまざまな場所で言及してきました。この回勅では、その言及の数々をより広範な考察の文脈に置いて取り上げようと思います。さらに、『ラウダート・シ』執筆の際には、被造物の保護を力強く提唱するわたしの兄弟、正教会総主教ヴァルソロメオス一世に着想を得たのに対し、今回は、グランド・イマーム、アフマド・アル・タイーブ師から大いに刺激を受けたと感じています。師とはアブダビでお会いし、神は「すべての人を、権利、義務、尊厳において平等に創造なさり、……互いに兄弟として生きるよう招いてくださった(5)」ことを思い起こしました。単なる外交行為だったのではなく、対話による考察であり、共同責任だったのです。共同で署名したその文書で提起した主要な問題を、この回勅において取り上げ詳しく論じます。また、世界中の多くの人やグループから受け取った、考察を含んだ数々の手紙や文書も、わたしなりの表現で盛り込みました。

6　この先の内容は、兄弟愛に関する教義の要約を意図するのではなく、むしろその普遍的な側面、それがすべての人に開かれていることを掘り下げようとしています。わたしはこの社会回勅を、熟考のためのささやかな助けとして差し出しています。他者を排除したり無視したりする、さまざまな現在の状況を前に、ことばだけで終わりはしない兄弟愛と社会的友愛という、新しい夢をもって応じるためです。本回勅は、わたしを励ましはぐくむキリスト教の信念によって執筆しましたが、その考察がすべての善意の人との対話に開かれるものとなるよう努めました。

7　また、この書簡の執筆中、新型コロナウイルス感染症（COVID-19）のパンデミックが予期せず発生し、わたしたちの誤った安全が露呈されました。各国がばらばらな対応をしただけでなく、共同で行動できないことも明らかになりました。密接に関係し合うものであるにもかかわらず、わたしたち全員に影響する問題の解決をいっそう困難にする分裂がありました。これまでしてきたことの改善だけが重要だと、あるいは既存の制度や規則の改正が受け取るべき唯一のメッセージだと考える人がいるなら、それは現実を拒んでいるのです。

8　わたしたちが生きるこの時代に、一人ひとりの尊厳を認めることで、兄弟愛を望む世界的な熱意をすべての人の間によみがえらせることを、わたしは強く望んでいます。すべての人の間に、「さあ、夢見るための、わたしたちの人生をすばらしい冒険にするための、すてきな秘訣をお見せします。独りで人生に立ち向かえる人はいません。……わたしたちには、支えてくれる、助けてくれる、そして前を見るよう互いに助け合う共同体が必要なのです。ともに夢見ることはどれほど大切でしょう。……独りでは、幻影を抱いてしまい、そこにないものを見てしまう危険があります。夢は、ともに編むのです」(6)。ただ一つの人類家族として、等しく生身の人間である旅人として、わたしたち皆を宿すこの地球の子どもとして、夢を見ようではありませんか。わたしたちは皆、それぞれ豊かな信仰や信念をもち、それぞれ意見をもっていて、だれもが兄弟なのです。

第一章　閉ざされた世界の闇

9　徹底した分析や、わたしたちの生きる現実のあらゆる側面の考察は望まずに、わたしは、普遍的な兄弟愛の展開を妨げている現在の世界のいくつかの傾向にのみ注目することを提案します。

粉々に砕かれる夢

10　数十年もの間、世界は多くの戦争と失敗から学び、さまざまなかたちの共存に向かってゆっくり動いていたかに見えました。たとえば、共通のルーツを認め、そこにある多様性を喜ぶことのできる、一体となったヨーロッパという夢が進みました。「分断を乗り越え、大陸のすべての民の間に平和と交わりを促進するよう協働する能力に基づく未来を望んだ、欧州連合の創設者たちの固い信念[7]」を思い出してください。これと同じく、ラテンアメリカの共生への熱意も高まり、すでにいくつかの進展がありました。別の国々や地域では、和平や友好関係樹立の試みが実を結んだり、明るい兆しが見えたりしています。

11　しかし、後退の兆しが歩みに表れています。乗り越えたとみなされていた時代錯誤な対立に火がつき、内向きで、憎悪のたぎる、恨みがましい、攻撃的なナショナリズムが再燃しています。さまざまな国で、多種多様なイデオロギーに影響された挙国一致の考えが、仮定に過ぎない国益の保護を装って、新たなかたちの利己主義と社会的感覚の喪失を生み出しています。ここから思い起こされるのは、「どの時代でも、過去の世代の努力と成果を自分のものとし、それをさらなる高みへ到達させる必要があるということです。それが歩む道です。善は、愛、正義、連帯と同じく、一挙に達成されるものではありません。日々勝ち取るべきものです。過去に獲得した手の内にあるものでよしとしてはいけませんし、わたしたち皆に問いただしている、多くの兄弟姉妹が今なお苦しんでいる不公正な境遇を否定するかのようにして、それに甘んじてはいけないのです[8]」。

12　「世界に開かれた」——これは、今日の経済界と金融界で用いられる表現です。それはもっぱら国外の利権者への開放、またはどの国でも支障なく複雑でなく投資する経済大国の自由を指しています。ただ一つの文化様式を押しつけるために、地域紛争と共通善への無関心が世界経済によって悪用されています。この文化は、世界を均一化はしても、人々や国々を分断します。なぜならば、「社会のますますのグローバル化によって、人間は隣どうしにはなりますが、兄弟にはならない[9]」からです。個々の利益を重視し、実存の共同体的側面を弱める没個性化した世界の中で、わたしたちはかつてないほど孤独です。いうなれば、人々が消費者あるいは傍観者の役割を果たす市場がそこにはあるのです。このグローバリズムの進行は、通常、己の身を守ろうとする強者のアイデンティティには有利である一方、弱く貧しい地域のアイデンティティは薄められ、より脆弱《ぜいじゃく》で従属的なものにされようとします。このように、「分断して統治せよ」を適用する多国籍の経済大国を前に、政治はますます弱体化するのです。

歴史意識の末路

13　まさにそうした理由から、歴史的感覚も喪失が進み、ますます解体されていきます。人間の自由がすべてをゼロから築くのだと主張する、ある種の「脱構築主義」が文化的に浸透していることに気づかされます。それは、制限のない消費欲と、中身のない種々の形態の個人主義の増幅、それらを維持させるだけです。これについて、若者に与えたアドバイスがあります。「もしだれかがあなたにある提案をして、歴史は知らなくてよい、老人たちの経験から学ぶ必要はない、過ぎたことはどうでもよく、自分が与える未来だけを見ていればよいと伝えたりするならば、それは、その提案によって、その人がいうことだけをあなたたちにさせるための、安易なやり方ではありませんか。そのような人にとっては、あなたたちに、空っぽで、根のない、何の信念もない人になってもらう必要があります。そうすればあなたたちが、その人の示す約束だけを頼り、その計画に服従するだろうからです。これが、種々のイデオロギーが働くからくりです。違うものすべてを破壊（あるいは解体）し、そうして反対勢力を排して支配できるようにするのです。そのためには、歴史を軽視する若者、世代を超えて継承されてきた精神的・人間的財産を拒む若者、それまでにあったものをすべて軽んじる若者が望まれています[10]」。

14　これらは新たな形態の文化の植民地化です。忘れないでください。「自身の伝統を遠ざけ、模倣への執着や無理強いによって、または許されないほどの怠慢や無関心から、魂を奪い取られることを容認している民は、自身の霊的な姿とともに倫理的一貫性も、そして最終的には、思想的、経済的、政治的自立をも失うのです[11]」。歴史意識、批判的思考、正義のための闘い、共生の道、それらを薄れさせる効果的な方法は、重要な語の意味を無にするか変質させることです。民主主義、自由、正義、団結といった語句は、今日どんな意味をもっているでしょうか。これらは、支配のための道具として、あらゆる行為を正当化するために用いられる中身のない見出し語として、手あかのついたものにされ、ゆがめられました。

万人のための計画の欠如

15　支配して際限なく突き進むためのいちばんの方法は、特定の価値観の擁護を隠れ蓑《みの》にしてまで、絶望の種を蒔《ま》き、絶え間なく不信感をあおることです。今日、多くの国が、憎悪に駆り立て、激昂させ、二極化させる政治メカニズムを用いています。さまざまな方法を駆使して、他者の存在する権利と、意見を表明する権利が否定され、そのために、彼らを笑いものにし、嫌疑をかけ、包囲する戦略が取られています。彼らにとっての真実、彼らの価値観は受けつけられず、そうして、社会は貧しくなり、強者優勢へと後退するのです。政治はもはや、すべての人の発展と共通善のための長期計画を扱う健全な議論ではなく、他を破壊しつつ効率的な資源を見つけようとする、行き当たりばったりのマーケティング対応に終始しています。揚げ足を取り合うこのさもしいゲームでは、議論は不一致や対立が常態化するよう操作されるのです。

16　全員が全員と対決させられるこうした利益を巡る争いで、勝利は破壊と同義となる中、隣人に気づくため、また道に倒れた人のそばにいるために、どうすれば立ち直ることができるでしょうか。人類全体の発展という優れた目的をもつ計画が、今日においては妄言のように聞こえます。わたしたちの間の距離は広がり、より正義にかなう結束した世界への厳しく遅々とした行軍は、再三の極端な後退に苦しんでいます。

17　わたしたちを包み込んで支える世界を大切にすることは、わたしたち自身を大切にすることです。同じ家に住む「わたしたち」にならなければなりません。手っ取り早い収益を必要とする経済大国は、こうした大切にすることには関心がありません。環境保全のために上げられる声は、特定の人々の利益でしかない合理性を盾に、しばしば黙殺され嘲笑されているのです。わたしたちが生み出している、むなしく、即時的で、共通の構想をもたないこの文化では、「何らかの資源が枯渇してしまうと、気高い要求を装った新たな戦争に都合のよい筋書きを仕立てる動きが予見できます(12)」。

世界規模での切り捨て

18　一部の人類は、制約なしに生きてよいとされる人間集団に利益をもたらす特権階級のために、犠牲になってもよいかのようです。その背景にあるのは、「人間をもはや、尊重され守られるべき最重要の価値としてみなさないということです。とくに、貧しい人や障害者の場合、出生前の胎児のように「まだ役に立たない」場合、あるいは老人のように「もう役に立たない」場合にそうなのです。わたしたちは、もっとも恥ずべきことである食品ロスをはじめ、あらゆる形態の浪費に鈍感になってしまいました[13]」。

19　高齢化社会を招き、高齢者を痛ましい孤独に捨て置くこととなる少子化は、すべては自分たちで完結し、個人の利益だけが重要、そう暗に述べています。このようにして、「廃棄の対象は、食品や余剰物だけでなく、人間自身もしばしばそうなのです[14]」。コロナウイルスが原因で、世界のさまざまな場所で、高齢の人たちに起きたことを目にしました。彼らは、そんなふうに亡くなるべきではありませんでした。しかし実際は、熱波やその他の要因により、似たようなことがこれまでも起きていました。彼らは、残酷に切り捨てられたのです。わたしたちは高齢者を隔離し、家族がふさわしく親しく寄り添うことなしに、他人の世話に任せきりにすることで、まさに家族を毀損《きそん》し零落させていることに気づかずにいます。さらにそれは、若者から、自らのルーツと、自分たちだけでは手にできない知恵を得るために必要なつながりを奪い取ることになります。

20　こうした切り捨ては、いつの間にか深刻な結果を引き起こす人件費削減への固執など、さまざまなかたちで表れています。それによって生じる失業は、貧困層の拡大に直接影響するからです。[15] 切り捨てはさらに、克服されたと思われていた、人種差別のような悲惨な形態もとります。それは繰り返し、隠れたり現れたりします。人種差別の事例はわたしたちを再び恥入らせ、社会の進歩はいわれているほど実現しておらず、いつまでたっても確かなものにはなっていないことを明らかにしています。

21　成長は促したものの、全人的発展には資することのなかった、経済の法則があります。[16] 富は増えても格差が伴い、そこからは、「新しい貧困の形態が出現[17]」しているのです。現代社会は貧困を減少させたというとき、それは、今の現実とは比較できない別の時代の基準によって測っているのです。たとえば、過去の時代では、電気が使えないことは貧しさのしるしではなく、つらい思いを引き起こすことはないのです。貧困はつねに、歴史の実際的な時点の現実的な可能性の文脈で、分析され、理解されるべきです。

十分な普遍性を帯びずにいる人権

22　実際のところ、人権は万人に等しくはない、そう感じることが少なくありません。この権利の尊重は、「まさに国の社会的そして経済的発展の前提条件です。人間の尊厳が尊重され、その権利が認められ保障されるとき、創造性や独創性もまた花開き、人間の個性は共通善のために多くのアイデアを生み出せるのです[18]」。しかし、「現代の社会を注意深く見ると、七十年前に厳かに宣言されたすべての人間の等しい尊厳が、あらゆる状況において真に認められ、尊重され、保障され、促進されているかに疑念を抱かせる多くの矛盾を目にします。今日の世界には、狭隘《きょうあい》な人類学的視点と、人を搾取し、切り捨て、殺すことさえいとわない、利益に基づいた経済モデルによって助長された、いくつもの形態の不正義が持続しています。人類の一部が裕福に暮らす一方で、他の一部は自らの尊厳が認められず、軽視され、踏みにじられ、基本的な権利がないがしろにされたり侵害されたりしていると感じています[19]」。このことは、人間の等しい尊厳に基づく平等な権利について、何を語るのでしょうか。

23　同様に、世界中の社会組織はいまだ、女性が男性と完全に同じ尊厳と寸分たがわぬ権利を有することを明確に反映しているとは、およそいえません。それなりに宣言はしていても、決定事項や現実は異なるメッセージを発しています。事実、「疎外され、虐待され、暴力を受け苦しんでいる女性は、二重の意味で貧しいのです。なぜなら、しばしば彼女たちには、自分の権利を守る可能性がほとんどないのです[20]」。

24　次のことを認識しましょう。「国際社会があらゆるかたちの奴隷制を終わらせるために数々の条約を採択し、その問題に対するさまざまな政策を行っているにもかかわらず、何百万もの人々、子どもやあらゆる年代の男女が、現在でも自由を奪われ、奴隷のような状態で生きるよう強いられています。……過去と同様、現在においても、奴隷状態の根本には、人を物のように扱うことが許されるという人間の考えがあります。……神の似姿として神にかたどって造られた人間が、抑圧、裏切り、または身体的・心理的な拘束によって、自由を奪われ、売られ、他の人の所有物にされます。彼らは目的のための手段として扱われているのです」。犯罪ネットワークは、「世界各国の若者や子どもを引きつけるために、最新のコミュニケーション手段を巧みに操っています[21]」。女性を服従させてその後中絶を強いるのですから、倒錯は際限がありません。臓器を売るために誘拐さえする、忌まわしい行為。こうしたことで、人身売買やその他の現代の奴隷制は、人類全体で真剣に取り組むべき世界的問題となっているのです。なぜなら、「犯罪組織はその目的達成のために世界的なネットワークを駆使しています。したがって、この状況を終わらせるためには、社会のさまざまな分野で、世界的に一致した努力も求められ[22]」るからです。

争いと恐れ

25　戦争、テロ行為、人種や宗教を理由とした迫害、人間の尊厳を踏みにじる行為の数々は、それらが特定の、おもに経済の利益にかなうか否かに応じて、さまざまに判断されます。権力者にとって都合がよければ真実となり、利するところがなければ真実ではなくなるのです。こうした暴力の状況は、「世界の多くの地域でそれらが痛ましいかたちで拡大し、「散発的な第三次世界大戦」と呼べるほどです[23]」。

26　わたしたちを一つに結びつける展望の欠如に気づくならば、これは驚くことではありません。どの戦争でも、破壊されるのは「人類家族の召命に刻み込まれた兄弟関係そのもの」で、そのため「脅威にさらされた状況はことごとく、不信を助長し、自分の世界に引きこもるよう人々を仕向け[24]」るからです。このようにしてわたしたちの世界は、「恐怖と不信の心理から支持された偽りの安全保障を基盤とした安定と平和を、擁護し確保しようとする[25]」意図によって、無意味な二分法へと進むのです。

27　逆説的に、科学技術の進歩によっては克服されずにいる、先祖伝来の恐怖があります。それは実に、新しい科学技術を隠れ蓑にして、力をつけていたのです。今日もなお、古い城壁の向こうには、大きな隔たり、未知の領域、荒れ野があるのです。そこからやって来るものは、知られていない、なじみのない、自分たちのもとに属していないものなので、信頼できないのです。「異邦人」の領域であり、どんな犠牲を払ってでもそれから身を守らなければならないのです。その結果、わが身を守るための新たな壁が築かれ、そうすることでもはや世界は存在せず、「わたしの」世界だけが存在するようになるのです。それは、多くの人が不可侵の尊厳をもった人間とはみなされなくなり、ただの「それら」になるほどなのです。再燃しているのが、「他の文化、他の人々とのこうした接触を防ぐために、壁の文化を作ろうとする、壁を、心の壁を、地上の壁を築こうとする誘惑です。そして、壁を築く者、壁を建設する者はだれでも、自分が築いた壁の内側で、視界を遮られ、奴隷となるでしょう。この他性を欠いているからです[26]」。

28　制度から見捨てられたと感じている数多くの人の、孤独、恐れ、不安定さは、マフィアにとっての格好の餌食《えじき》となります。マフィアは、犯罪によって儲《もう》けながら、彼らをたびたびさまざまに支援することで、自らを忘れられた人々の「保護者」だと主張するからです。マフィアに典型的な教育法があり、それは偽りの共同体の神秘性をもって、解放されることが非常に困難な、依存と服従のきずなを作り出すのです。

共通の方向性を欠いたグローバル化と進歩

29　グランド・イマーム、アフマド・アル・タイーブ師ともども、科学、技術、医学、産業、そして福祉の分野で、とくに先進国において生じた、有益な進歩を無視しているわけではありません。とはいえ、「そのような優れた価値ある歴史的進歩とともに、国際的な行動を左右する、モラルの低下、霊的価値観や責任感の希薄化をもたらしていることを強調していま す。そうしたすべてが社会全体にフラストレーション、孤独感、絶望感を拡散（させていま す）。……不透明感、失望、将来への不安に支配され、目先の経済利益に操られた世界情勢の中、緊張の温床が生じ、武器や弾薬が集められ、新たな紛争地となる準備が進んでいます」。わたしたちがさらに指摘したことは、「深刻な政治危機、不正義、天然資源の公平な分配の欠如……です。貧困と飢餓のせいで骸骨のようになって死んでゆく数百数千万人の子どもたちを生むそのような危機を前にして、国際社会の許しがたい沈黙が支配しています(27)」。このような光景を眼前にして、わたしたちは多くの進歩に魅了されるものの、真に人間的な方向性を見いだせてはいません。

30　現代の世界では、同じ人類に属しているという感覚が薄れ、正義と平和をともに築くという夢は、別の時代のおとぎ話のように見えます。わたしたちは、快適で、冷淡で、グローバル化された無関心がいかに支配しているかを目にしています。それは、幻想のまやかしの背後にある、深い失望から生まれるものです。つまり、自分は全能だと思い込み、皆が同じ船に乗り合わせていることを忘れた幻想です。兄弟愛の優れた価値観を置きざりにするこの失望が行き着くのは、「一種の冷笑主義《シニシズム》です。わたしたちがこの失望や幻滅の道を進むならば、この誘惑に直面することになります。……自分自身、あるいは自身の利益のための孤立や断絶は、希望を回復し、リノベーションを起こす方法では決してありません。むしろそうするのは、親しさ、出会いの文化です。孤立ではありません。親しさです。対立の文化ではありません。出会いの文化なのです[28]」。

31　共通の方向性を欠いて進むこの世界の空気感においては、「自己の安寧への執着と、人類で共有する幸福との距離が広がっているように見えます。人々の間で、そして人間共同体の間で、今や真の分断が進行中であるという印象を抱くほどです。……というのも、ともに生きるよう強制されていると感じることと、ともに追求し耕さなければならない、共同の生の種子の豊かさと美を味わうこととは、まったく別のことだからです[29]」。科学技術は進歩し続けますが、「科学技術の革新が、同時に、よりいっそう社会の公正と共生にかなうなら、なんとすばらしいことでしょう。はるか彼方の惑星を発見する一方で、自分を取り巻く兄弟姉妹の必要性に気づくことができるなら、何とすばらしいことでしょう[30]」。

パンデミックと他の歴史上の惨劇

32　新型コロナウイルス感染症（COVID-19）のパンデミックのような世界的な悲劇が、同じ船で航海する世界共同体としての意識を一時的に目覚めさせてくれたことは確かです。そこでは、一人の悪がすべての人を傷つけるのです。一人で救われるのではなく、ともに救われる道しかないことをわたしたちは思い出しました。そのためわたしはこう話したのです。「嵐はわたしたちの弱さを露わにし、偽りの薄っぺらな信頼を暴きます。そうした信頼のもとに、わたしたちは日常の予定、計画、習慣、優先事項を決めているのです。……自分のイメージのことばかり考えて、己の「エゴ」をごまかすための常套である化粧は、嵐によってはがれ落ちます。そして、決して逃れることのできない、あの（恵みの）共通の属性が再び明らかになります。兄弟姉妹だという属性です(31)」。

33　世界は、技術の進歩を利用して「人的コスト」削減に努めた経済へと、冷酷に突き進みました。そして、市場の自由さえあれば何も問題はないのだと信じ込ませる人もいました。

しかし、制御不能なこのパンデミックの激しい予期せぬ衝撃は、一部の人の利益ではなく、人間について、すべての人間について再び考えるよう強いたのです。今日了解されるのは、「わたしたちは輝く大きな夢に生かされていたのに、結局は、気晴らし、閉鎖、孤独を費やすようになったこと、ネット上の関係作りに夢中になって、兄弟愛の味わいを失ってしまったことです。迅速で安全な結果を求めていたのに、いらだちと焦燥に圧倒されているのに気づかされます。仮想《バーチャル》の囚人であり、現実《リアル》の味わいを失いました」[32]。パンデミックが引き起こした痛み、不確実性、不安、自己の限界への気づきは、わたしたちのライフスタイル、関係性、社会の組織、そして何よりもわたしたちの存在の意味を、見つめ直すようにとの声を響かせています。

34　すべてがつながっているならば、わたしたちは、自身のいのちや存在するすべてのものの絶対的な主《あるじ》だと言い募ることで、この世界の惨事は、自分たちの現実との向き合い方とは無関係だと考えるには無理があります。これを、神の罰だといいたいわけではありません。また、自然に対して与えた損害が、結局は自分たちに返ってきたのだと断言すればいいわけでもありません。うめき声を上げ、抵抗しているのは現実そのものです。歴史や人生における悲しみを想起させる、詩人ウェルギリウスの有名な詩が思い起こされます[33]。

35　ところがわたしたちは、歴史の教訓、「人生の師[34]」をすぐに忘れます。公衆衛生上の危機の後の最悪の反動は、大量消費の熱病や新しい形態の身勝手な自己防衛に、いっそうひどく落ちていくことなのでしょう。どうか「あの人たち」で終わらせず、ひたすら「わたしたち」でありますように。どうかもう、わたしたちがそこから学んでこなかった歴史に、別の深刻なエピソードを加えることにはなりませんように。年々医療体制が縮小されてきた結果の一端として、呼吸装置の不足で亡くなった高齢者を、どうか忘れずにいられますように。どうか、これほどの苦しみが無駄になることなく、新たな生き方へと飛躍できますように。わたしたちには互いが必要で、互いに対し義務を負っていることに、はっきり気づけますように。わたしたちが引いた境界を越えて、すべての顔、すべての手、すべての声を備えた人類として、新たに生まれるために――。

36　時間、労力、財産を割かなければならない、帰属し連帯する共同体に対しての情熱の共有を回復できなければ、わたしたちを欺く世界規模の幻想が音を立てて崩れていく中で、多くの人は不快感と空虚さに取り残されるでしょう。さらに「消費主義的なライフスタイルへの執着は、とりわけそうしたライフスタイルを維持できる人が少数であるときには、暴力と相互破壊へと導きうるだけのものとなる」[35]ことを無邪気に知らずにいるべきではありません。「自分の身は自分で守れ」は、一瞬で「周りはすべて敵」という意味に変換されます。それは、パンデミックよりも悲惨なことでしょう。

国境での人間の尊厳の欠如

37　ポピュリズムの政治体制からも、経済自由化の立場からも、移民の入国は是が非でも避けるべきだと主張されています。同時に、貧しい国々への支援は制限したほうがよいとも論じ立てられます。それによって財源が底をつき、緊縮政策を取らざるをえなくなるというのです。裏づけのないこれらの抽象的な主張の裏に、切り裂かれる多くのいのちがあることには気づいていません。多くの人が、戦争、迫害、自然災害から逃れているのです。他の人々は、当然の権利として、「自分と家族のためのチャンスを求めています。彼らはもっとまともな未来を夢見て、それをかなえるための条件を生み出そうとしています[36]」。

38　残念ながら、一部は「西洋文化に魅了された人々で、あまり現実的ではない期待を抱きがちで、結果として落胆することになります。冷酷な密入国あっせん業者の多くは麻薬や武器の密売組織とつながっており、弱い立場の移住者から搾取しています。彼らは移動の途次で、暴力、人身売買、精神的虐待、言語に絶する苦しみを、あまりに多く体験するのです[37]」。移住する人々は、「自分がもって生まれたバックグラウンドから切り離され、大抵は文化的・宗教的な根を失った状態で生きなければなりません。この分断はまた、もっとも活発で果敢な成員を失う郷里の地域社会にも、家族、とりわけ片親か両親が故国にわが子を残して国外に出稼ぎに行く場合の家族にもかかわっています[38]」。したがって「移住しない権利、すなわち故郷にとどまる権利を再確認する必要[39]」もあるのです。

39　さらに悪いことに、「一部の目的国では、移住の事象が警戒心と恐怖心を引き起こし、政治的意図からそれがあおられ、利用されています。そうなると、内向きで自陣に退却する人々のもつ、外国人嫌悪のメンタリティが拡散するのです[40]」。移住者は他の人と同じように社会生活に参与する十分な資格があるとはみなされず、他の人と同じく生まれながらの尊厳をもつことが忘れられています。そのために彼らは、「自身をそのあがないの主役[41]」にせざるをえないのです。あの人たちは人間ではない、とは決して口には出さないものの、実際は、決定事項や待遇をもって、価値が低く、重要性が低く、人間として劣るとみなしていることは明らかです。キリスト者が、時に自身の信仰による深い信念――出自、肌の色、宗教にかかわらず、それぞれの人に不可侵の尊厳があること、そして兄弟愛という最上の法――よりも特定の政治的な好みを優先して、こうした考え方や振る舞いに加担することは容認できません。

40 「移住は、世界の将来の礎《いしずえ》となる一要素です[42]」。しかしながら今日、それは「全市民社会の基盤となる、あの「兄弟としての責任感」の喪失[43]」の影響を受けています。たとえばヨーロッパには、この道を進んでいく重大な危険性があります。しかしながら「その優れた文化的・宗教的遺産からの刺激があるために、人間中心主義を擁護し、市民の権利を保護しつつも移民の支援と受け入れを確保する、倫理的な責務の間での公正なバランスを見いだすのに必要な手立てをもってはいるのです[44]」。

41　移住者に対して、疑いや恐れを抱く人がいることは理解できます。自然な自己防衛本能の一側面として理解できます。ですが、人も民族も、心の内に、他者への開きを創造的に組み込むことができて初めて、実り豊かになることも事実です。皆さんには、そうした直情的な反応を乗り越えてほしいのです。なぜなら、「その疑いと恐れが、わたしたちを不寛容で閉鎖的な人にするほどに、わたしたちの考えと行動に影響し、おそらく――知らず知らずのうちに――人種差別主義者にさえしてしまうことが問題なのです。このように恐怖心は、他者と出会う意欲も可能性も奪います」(45)。

コミュニケーションの錯誤

42　矛盾しているようですが、他者を寄せつけない閉鎖的で不寛容な姿勢が広がる一方で、プライバシーの権利などなくなったかのように、距離が詰まったり、なくなったりしています。すべてが偵察され監視され、ある種のショーとなり、生活は常時監視下に置かれます。インターネットのコミュニケーションでは、すべてをさらけ出そうとするので、個人個人がのぞかれる対象となり、しばしば匿名にて、詮索され、丸裸にされ、広められるのです。他者への敬意が失われ、それによって、その人を追い出す、その人を無視する、その人を遠ざけておくのと同時に、遠慮なしに、その人生を極限まで侵害しうるのです。

43　さらに、ネット上のヘイトとたたきの動きは、一部の人が信じさせようとしているような、集団での監督の適切な形態ではなく、単なる敵対者の結託です。それだけでなく、「デジタルメディアは、依存、孤立化、具体的な現実との接触の漸進的喪失といった危険に人をさらしかねず、真の対人関係の発達には妨げとなります」(46)。身体の動き、表情、沈黙、身振り手振り、さらには匂い、手の震え、赤面、汗までもが欠かせないのです。これらすべてによって語るのであり、それは人間のコミュニケーションの一部なのです。友情、安定した相互関係、時とともに成熟する合意、それらをはぐくむ骨折りを省くネット上の関係は、見かけだけの社交なのです。真に「わたしたち」を築くことはなく、外国人嫌悪《ゼノフォビア》や弱者蔑視となって現れる利己主義そのものを、ひたすら隠し、増幅するだけなのです。ネット上の関係は、橋を架けるには足りず、人類を結び合わせるには至らないのです。

恥知らずな攻撃性

44　人々は消費主義的で便利なひきこもり状態を維持すると同時に、凝り固まったつながりを選択します。それが、相手の姿をずたずたにするほどの、狂ったような極端な攻撃や中傷、嫌がらせ、冒瀆、ことばの暴力を助長します。身体と身体のぶつかり合いでは、互いの破滅を招くことになるので起こりえないほどの、激しさをもってなのです。社会的な攻撃は、携帯機器やコンピュータに、比類なく拡張する場を見いだすのです。

45　こうしたことから、イデオロギーは完全に節度を欠くものになってしまったのです。数年前までは、世間全体の敬意を失う危険なしには口にできなかったことが、今日では政治家ですら、どぎつい表現で言い放ったとしても、制裁されないこともあるのです。無視できないのは、「インターネットの世界では、巨大な経済利益集団が、侵略すべく巧妙に計算された支配形式を手にした状態で介入しており、分別や民主的プロセスを操作するからくりを生み出しているということです。多くのプラットホームにある機能は、結果として、同じような考えをもつ者どうしの出会いを助長し、異種なるものとの対面を妨げることになりがちです。こうした閉鎖的集まりは、嘘の情報やニュースを流すことを助長し、偏見や憎悪をかき立てていくのです[47]」。

46　他者をつぶすことにつながる狂信においては、宗教をもつ人もまたその主体になる、そう認識しなければなりません。キリスト者も例外ではなく、「インターネットや、多種多様なデジタルのコミュニティサイトや交流サイト上に張り巡らされた、ことばによる暴力にかかわりえます。カトリックのメディアであっても、たがが外れ、誹謗中傷が常態化し、倫理観や相手の名誉に払うべき敬意がまるきり無視されてしまうこともあります[48]」。このようなことで、皆にとっての父であるかたが示しておられる兄弟愛に対し、どんな貢献ができるというのでしょうか。

知恵をもたない情報

47　真の知恵は、現実との出会いを伴います。しかし今日では、何でも作り出し、ごまかし、ゆがめることが可能です。そうなると、現実が有する限界を直視することが耐えがたくなります。その結果、「選別」のメカニズムが働き、好きなものと嫌いなもの、魅力的なものと不快なものを、即座に分ける習慣が生まれます。同じ理屈で、自分と世界を共有する人を自分で選ぶのです。こうして今日では、癇《かん》に触ったり不快に思えたりする人や状況を、バーチャルなネットワークの中で簡単に排除して、自分たちが生きている環境から切り離された仮想社会を築き上げていくのです。

48　人間の対面の特徴である、腰を据えて他者の話を聞くことは、ナルシシズムを乗り越え、他者を受け入れ、相手に注意を払い、相手を自分の社会に迎える人の、感受性の強い姿勢の典型です。ところが、「今日の世界はほとんど、耳がふさがれた世界です。……現代世界の速度、狂乱は、他の人が語っていることに、じっくり耳を傾けさせなくします。相手が話しているのにすぐに遮り、話し終えていないのに返答しようとします。聴く力を失ってはなりません」。アッシジの聖フランシスコは「神の声を聴き、貧しい人々の声を聴き、病者の声を聴き、自然の声を聴きました。そして、そのすべてを自分の生き方としたのです。聖フランシスコが蒔《ま》いた種が、多くの人の心で育つことを願っています[49]」。

49　沈黙と傾聴が消えると、すべては瞬く間に焦ったタイピングとメッセージに変換され、思慮ある対人コミュニケーションの基本が危険にさらされます。目の前に欲しいものを作り上げ、表面を見ただけでは瞬時には、制御できないもの、よく分からないものはすべて排除する、新しいライフスタイルが生じます。この動きは、そこに本質的に備わっている論理によって、わたしたちを共通の知恵へと導きうる落ち着いた考察を妨げます。

50　わたしたちは、対話、落ち着いた話し合い、あるいは熱い議論を通して、ともに真理を探し求めることができます。それは、個人や民族の長年の経験をじっくりと受け取れるようになる、沈黙や忍耐をも必要とする、根気のいる道です。わたしたちをおぼれさせる情報の洪水は、優れた知恵の堆積ではありません。知恵とは、インターネットで必死に検索して作られるものでも、根拠の不確かな情報の総和で作られるものでもありません。そのようなしかたでは、真実との出会いによる成熟は得られません。会話は結局、最新のデータに関して展開するだけで、水平的で累積的なだけのものとなります。それどころか、しっかりとした注意を払うこともできず、人生の核心に触れることもなく、存在に意味を与えるために何が必要であるかを認知しないのです。そうなると、自由はわたしたちに売られたものなのだという幻想となり、モニターの前でネットを見る自由と混同されるのです。地域的・世界的な兄弟愛の道のりは、自由な心と、実際の出会いへの思いによってのみ、歩むことができるのです。

服従と自己軽視

51　経済的に成功している国が、発展途上国の文化モデルとして提示され、自国の文化的価値から新たなものを生み出す能力を開発して各国がそれぞれのやり方で成長することの、代わりをなしています。創造する代わりに模倣したり購入したりすることになる、表面的で悲しいこの切なる思いが、国全体の自尊心を著しく低くしてしまいます。多くの貧困国の、富裕層や運よく貧困から抜け出せた人々には、自国の特性や歩み方を拒否したり、自分たちの文化的アイデンティティをまるで諸悪の根源であるかのように蔑視したりする傾向があります。

52　自己評価を散々なものにすることは、支配のための簡単な方法です。世界を均質化しようとする潮流の背後には、このような低い自己評価を利用して儲《もう》けつつ、その間にメディアやＳＮＳを通じて権力者に有利な文化を新たに創造しようとする、強力な利害関係が散見されます。金融界の投機家や買収家の日和見主義はそこから利を得、貧しい人々はいつも損をするのです。また、民族の文化を黙殺すれば、多くの政治指導者は、自由に構想することができて長期に持続できる、効果的な事業を実行できなくなるのです。

53　忘れられていますが、「ルーツがない、だれともつながりがない、そうした経験ほど、ひどい疎外はありません。土地が実り豊かになり、民が実を結び、明日を作ることができるのは、その構成員の間につながりの関係をどれだけ生み出せたか、また世代間、そしてそれを構成する共同体どうしで共生のきずなをどれだけ築き上げられたか、さらにまた、感覚を麻痺させて互いをいっそう遠ざけるものをどれだけ断ち切れるか、それのみにかかっているのです[50]」。

希望

54　看過できないこうした暗い影はありますが、それでもわたしは、ここから先、たくさんの希望の道について広く伝えたいと思います。神はずっと、人類によい種を蒔き続けておられるからです。最近起きたパンデミックは、不安の中にあっても、自分のいのちを差し出すことでこたえた実に多くの旅の仲間を、取り戻し、たたえる機会となりました。わたしたちの生活は、市井《しせい》の人々によって織り成され支えられていることが認識できました。まぎれもなく、その普通の人々が、共有する歴史の決定的な出来事を書きつけているのです。医師、看護師、薬剤師、スーパーマーケットの従業員、清掃員、介護従事者、配達員、エッセンシャルワーカー、治安当局、ボランティア、司祭、修道者……、自分の力だけで自分を救うことはできないと分かっている人たちです。(51)

55　わたしは希望へと招きたいと思います。希望は、「生きている具体的な状況や歴史的な条件に関係なく、人間が深く根ざしている現実を語ります。渇きを、願望を、満たされることへの切望を、なし遂げた人生を、大いなるものに触れたいという思いを語ります。心を満たし、真理、善、美、正義、愛のような、偉大なものへと精神を高めるものです。……希望は大胆であり、個人的な快適さを、視野を狭めてしまう小さな安全や補償を、超えるものです。それは、人生をより美しく、尊厳あるものとする、大きな理想に開かれるためのものなのです(52)」。希望のうちに歩みましょう。

第二章　道端の異邦人

56　前章で言及したことはすべて、淡々とした現実描写にはとどまりません。「現代の人々の喜びと希望、苦悩と不安、とくに貧しい人々とすべての苦しんでいる人々のものは、キリストの弟子たちの喜びと希望、苦悩と不安でもある。真に人間的なことがらで、キリストの弟子たちの心に響かないものは何もない」[53]からです。自分たちが生きている中に光を見いだそうとしつつ、そしていくつかの行動指針を提示する前に、わたしは二千年前にイエス・キリストによって語られたたとえ話に章を割くつもりです。なぜならば、この回勅は善意あるすべての人にあてられたものですが、それぞれの宗教的信念にかかわらず、たとえ話は、わたしたちのだれもが、それによって問いただされるように描かれているからです。

するとある律法の専門家が立ち上がり、イエスを試そうとしていった。「先生、何をしたら、永遠のいのちを受け継ぐことができるでしょうか」。イエスが、「律法には何と書いてあるか。あなたはそれをどう読んでいるか」といわれると、彼は答えた。「『心を尽くし、精神を尽くし、力を尽くし、思いを尽くして、あなたの神である主を愛しなさい、また、隣人を自分のように愛しなさい』とあります」。イエスはいわれた。「正しい答えだ。それを実行しなさい。そうすればいのちが得られる」。しかし、彼は自分を正当化しようとして、「では、わたしの隣人とはだれですか」といった。イエスはお答えになった。「ある人がエルサレムからエリコへ下って行く途中、追いはぎに襲われた。追いはぎはその人の服をはぎ取り、殴りつけ、半殺しにしたまま立ち去った。ある祭司がたまたまその道を下って来たが、その人を見ると、道の向こう側を通って行った。同じように、レビ人もその場所にやって来たが、その人を見ると、道の向こう側を通って行った。ところが、旅をしていたあるサマリア人は、そばに来ると、その人を見てあわれに思い、近寄って傷に油とぶどう酒を注ぎ、包帯をして、自分のろばに乗せ、宿屋に連れて行って介抱した。そして、翌日になると、デナリオン銀貨二枚を取り出し、宿屋の主人に渡していった。『この人を介抱してください。費用がもっとかかったら、帰りがけに払います』。さて、あなたはこの三人の中で、だれが追いはぎに襲われた人の隣人になったと思うか」。律法の専門家はいった。「その人を助けた人です」。そこで、イエスはいわれた。「行って、あなたも同じようにしなさい」。（ルカ10・25―37）

背景

57　このたとえ話は、幾世紀にもわたって通底するものを取り上げています。世界と人間の創造について物語った直後、聖書はわたしたちどうしの関係における挑戦を示します。カインが弟のアベルを抹殺し、神の問いが響きます。「お前の弟アベルは、どこにいるのか」（創世記4・9）。その答えは、わたしたちがよくするものと同じです。「わたしは弟の番人でしょうか」（同）。尋ねることで神は、出しうる唯一の答えとして無関心を正当化しようとする、決定論や運命論のたぐいをことごとく問題にします。それどころか神はわたしたちに、敵意を克服して互いを大切にできる、多様な文化を生み出せるようにしてくださるのです。

58　ヨブ記は、共通の諸権利を主張する根拠を、創造主は同じという事実に求めています。「わたしを胎内に造ってくださったかたが、彼らをもお造りになり、われわれは同じかたによって、母の胎に置かれたのだから」（31・15）。数世紀の後、聖イレネオはそれを音律のイメージで表現することになります。「真理を愛する者は、どれか特定の音どうしの違いに惑わされて、この音はこの人、あの音にはあの人という具合に、異なる創作者と制作者を想定したりしてはならないのである。……むしろ、ただ一人同じ人を想定しなければならない[54]」。

59　ユダヤの伝統では、他者を愛し世話せよとの命令は、同じ民族に属する者どうしの関係に限定されていたようです。古い戒律の「自分自身を愛するように隣人を愛しなさい」（レビ19・18）は通常、同胞を指すものと理解されていました。しかしながら、イスラエルの地の外に広がったユダヤ教においてはとりわけ、その境目が拡大していったのです。自分にとって嫌なことは、だれにもしてはならない、との勧告が現れました（トビト4・15参照）。賢者ヒレル（紀元前一世紀）はそれについて、「これがトーラーのすべてであり、残りはすべてその解説にすぎない[55]」といったのです。神の姿勢をまねたいという望みは、ごく身近な人だけに囲まれていようとする例の傾きの克服につながったのです。「人間のいつくしみは、隣人にしか及ばないが、主のいつくしみは、すべての人に及ぶ」（シラ18・13）。

60　新約聖書では、ヒレルの教えは肯定表現を取りました。「人にしてもらいたいと思うことは何でも、あなたがたも人にしなさい。これこそ律法と預言者である」（マタイ7・12）。この呼びかけは普遍的で、人間という境遇にあるだけで、あらゆる人に及ぶという性質があります。なぜならば、いと高きかた、天の御父は、「悪人にも善人にも太陽を昇らせてくださる」（マタイ5・45）からです。結果として、次のように求められます。「あなたがたの父があわれみ深いように、あなたがたもあわれみ深い者となりなさい」（ルカ6・36）。

61　外国人を排除しないよう心を広くすることには動機があり、聖書のもっとも古い諸書にすでにそれを見いだせます。それは、ユダヤ人が外国人としてエジプトで暮らしていたときの、消せない記憶によるものです。

寄留者を虐待したり、圧迫したりしてはならない。あなたたちはエジプトの国で寄留

者であったからである。（出エジプト22・20）
あなたは寄留者を虐げてはならない。あなたたちは寄留者の気持ちを知っている。あなたたちは、エジプトの国で寄留者であったからである。（出エジプト23・9）
寄留者があなたの土地にともに住んでいるなら、彼を虐げてはならない。あなたたちのもとに寄留する者をあなたたちのうちの土地に生まれた者同様に扱い、自分自身のように愛しなさい。なぜなら、あなたたちもエジプトの国において寄留者であったからである。（レビ19・33―34）
ぶどうの取り入れをするときは、後で摘み尽くしてはならない。それは寄留者、孤児、寡婦《かふ》のものとしなさい。あなたは、エジプトの国で奴隷であったことを思い起こしなさい。（申命記24・21―22）

新約聖書では兄弟愛への呼びかけが響きます。

律法全体は、「隣人を自分のように愛しなさい」という一句によって全うされるからです。（ガラテヤ5・14）

兄弟を愛する人は、いつも光の中におり、その人にはつまずきがありません。しかし、兄弟を憎む者は闇の中に（います）。（一ヨハネ2・10―11）
わたしたちは、自分が死からいのちへと移ったことを知っています。兄弟を愛しているからです。愛することのない者は、死にとどまったままです。（一ヨハネ3・14）
目に見える兄弟を愛さない者は、目に見えない神を愛することができません。（一ヨハネ4・20）

62　このような愛の提案も、誤解されたのかもしれません。いろいろあって外部から隔てられた内々のグループになろうとした初期キリスト教共同体が受けた誘惑に対し、聖パウロは彼の弟子たちに、互い「とすべての人」（一テサロニケ3・12）への愛をもつよう勧め、そしてヨハネの共同体では、「兄弟たち、それも、よそから来た人たち」（三ヨハネ5）を親切に迎えるよう求められました。この文脈は、よいサマリア人のたとえ話の意義を理解する助けになります。愛は、傷を負った兄弟がこの土地の出身なのか、あの土地の出身なのかを気にしたりしません。なぜなら、それが「わたしたちを分断し引き離す鎖を断ち切り、橋を架ける愛なのです。わたしたち皆がくつろぐことのできる大きな家族を築けるようにしてくれる愛です。……思いやりと尊厳を知る愛なのです」(56)。

見捨てられた人

63　イエスは、強盗に襲われて負傷し、道端に倒れている人がいたと語ります。数人がそのそばを通りましたが、避けて去っていきました。彼らは、社会で重要な職務についていながら、共通善への愛が心になかった人たちです。負傷者を介抱したり、せめて助けを呼んだりする、そのわずかな時間も惜しんだのです。一人の人は、足を止め近づいて、自ら手当てをし、懐《ふところ》を痛めて世話しました。この人は何よりも、このせわしない世界でわたしたちが出し渋るものを差し出しました。自分の時間を差し出したのです。この人には、用事や約束、またやりたいことのための、その日の予定があったはずです。ですが負傷した人を前にして、すべてを投げ出すことができ、相手がだれであるかを知らなくても、時間を割くべきだと考えたのです。

64　あなたは、どの人が自分と同じだと思いますか。この質問は鋭く、直接的で決定的です。

あなたはこの中のだれですか。わたしたちは、他人に、とりわけいちばんの弱者に対し、無関心でいる誘惑に取り巻かれていることを知る必要があります。いわば、わたしたちは多くの面で成長を遂げたものの、発展した社会において、もっともろく弱い人々に寄り添い、世話をし、支えることには無知なのです。自分に直接影響するまでは、ほかに目をやったり、素通りしたり、状況を無視したりすることに、慣れてしまっているのです。

65　道で襲われた人がいても、大抵は何も見なかったかのように逃げていきます。車で人を轢《ひ》いても逃げてしまう人は少なくありません。問題回避だけが大切で、それで人が死のうと関係ないのです。まさにこうしたことは一般的になっている生き方を象徴するもので、それはさまざまに、おそらくとても際どいかたちで表れ出るのです。また、わたしたちは皆自分の必要に心を注ぐあまり、苦しむだれかを見ると、面倒でじゃまだと感じます。他人のことで時間を無駄にしたくないからです。これが、病んだ社会の症状です。痛みに背を向けて社会を築こうとするからです。

66　こんなふうに惨めになりたくはありません。よいサマリア人の模範に目を向けましょう。

自国の、そして全世界の市民として、新たな社会のきずなの構築者としての召命を取り戻すよう招く物語です。もっともこれは、わたしたちの存在の根本に基本法として書きつけられているものですが、それはつねに新たな呼びかけなのです。社会は共通善の追求を目指すべきで、その目的に基づいて、政治的・社会的秩序、関係性の構図、人間らしい計画を、何度も再構築しなければならないという法です。よいサマリア人がその行いで示したのは、「一人ひとりの存在は他者の存在と深く結びついているということ、人生はただ過ぎ行く時間ではなく出会いの時間だということ」(57)です。

67　このたとえ話は、つらいこの世界の再建のための本質的な選択を明らかにしてくれる、啓発的なイコンです。これほどの痛みを、これほどの傷を前にして、唯一の道はよいサマリア人のようになることです。ほかの選択はどれも、追いはぎの一味につくか、道端の傷を負った男の痛みをあわれまずに素通りする者の側につくかになります。たとえは、益が共有されるよう、他者の弱さを自らのものとし、排除する社会を作らず、かえって隣人となって倒れた人を起き上がらせて社会に復帰させる人々から成る共同体を再構築できるイニシアティブを示しています。さらにたとえは、自分だけを見て、人間の現実の逃れることのできない要求に向き合わない人の態度について気づかせてくれます。

68　はっきりいえば、この物語は、抽象的な理念を暗示するものでもなければ、社会的・倫理的な教訓を伝える役目しかないものでもありません。忘れられがちな、人間の本質的特徴を明らかにします。わたしたちは愛においてのみたどり着くことのできる充満のために造られた、ということです。他の痛みに無関心で生きるという選択はありえません。だれかを「人生の隅」に放ったままにしておくことは許されないのです。そのことに憤らなければなりませんし、人間の苦しみに、動転するほど心乱されるべきなのです。それが尊厳なのです。

繰り返される物語

69　物語はシンプルでストレートですが、そこには、人類の兄弟愛を実現する道に登場する各人を通して、わたしたちがアイデンティティを形成する際に生じる、内的な闘いのダイナミズムが描かれています。道を行けば必ず、傷ついている人に遭遇します。今日では、傷ついた人がますます増えています。道端で苦しむ人を受け入れるか排除するかが、経済的、政治的、社会的、宗教的な、あらゆる事業を規定しています。日々わたしたちは、よいサマリア人であるか、離れて通り過ぎる無関心な旅人であるかの選択を突きつけられています。そして、わたしたちの人生全体、世界の全体へと目を向けるならば、だれもが、今あるいはかつて、これらの登場人物のようなのです。わたしたちは皆、傷を負った人の、追いはぎの、離れて通り過ぎる人の、そしてよいサマリア人の面影を帯びているのです。

70　物語における登場人物の間の違いが、倒れて辱めを受けた人の痛ましい状況と対峙することによって、どう一変するかは注目に値します。そこにあるのは、もはやユダヤ人とサマリア人の違いでもなければ、祭司と商人の区別でもありません。ただ、二種類の人がいるだけです。痛みを介抱する人と離れて通り過ぎる人、倒れた人に気づいてかがむ人と目を背けて先を急ぐ人です。まさに、わたしたちのさまざまな仮面、レッテル、メッキがはがれ落ち、本当の姿が現れるときです。他者の傷に触れて、手当てをするために身をかがめているでしょうか。肩を貸すために身をかがめているでしょうか。これこそ、恐れていてはならない、眼前の挑戦なのです。危機にあれば、選択は急を要します。まさにそのとき、追いはぎでもなく素通りする人でもないならば、傷を負った男であるか、傷ついた人に肩を貸す人なのです。

71　よいサマリア人の物語は繰り返されます。それは、社会的、政治的無関心によって、現代世界のさまざまな場が荒廃していくさまに、いっそうはっきりと映し出されています。国内や国家間の紛争、機会の略奪により、多くの人が社会から疎外され、道端に置き去りにされているのです。たとえの中でイエスは、ひどい傷を負った男や助けた人に怒りや復讐心が芽生えていたならばどうなったのかという、別の可能性は示しておられません。イエスは、人間の心のいちばんよいところを信頼しておられます。だからこのたとえ話をもって、愛にとどまるようにと、傷ついた者を立ち直らせ、その名にふさわしい社会を築き上げるようにと、励ましておられるのです。

登場人物

72　たとえ話は追いはぎから始まります。追いはぎに襲われた後から、イエスは話を始めます。事の顛末《てんまつ》をあれこれ考えたり、追いはぎに意識を向けたりしなくてもよいようにです。

わたしたちは、それを知っています。世の中に遺棄の闇が、さもしい権力、蓄積、分裂のための暴力の闇が、いっそう濃くなるのを見てきました。次のように問われるでしょう。暴力から身を守るため、あるいは盗人を追いかけるために散ってしまい、傷を負った人を置き去りにしておくのですか。傷を負った人によって、わたしたちの和解しえない分裂、非情な無関心、内輪の対立が正当化されるのですか。

73　それからたとえは、離れて通り過ぎる人にしっかりと目を向けさせます。悪意の有無や、軽蔑あるいは悲しむべきうかつさゆえのことであるかにかかわりなく、足を止めずに先へ行くこの危険な無関心は、登場人物である祭司やレビ人が、突きつけられた現実から遠く離れていることを悲しく投影しています。素通りのしかたはさまざまで、それぞれ相補的です。一つは、自分のことに没頭すること、他の人に関与せず、無関心であることです。もう一つは、ただ目をそらすことです。後者の素通りのしかたについていえば、いくつかの国やその国の一部には、貧しい人々とその文化への侮蔑があり、そして、国外から持ち込まれた事業が貧しい人々の場を上書きしてくれるかのように、外国ばかりを見る暮らしになるのです。こうして一部の無関心は正当化されてしまいます。貧しい人々の願いが自分たちの心に届いたとしても、貧しい人々はまったく存在しないのです。彼らは自分たちの関心の外なのです。

74　離れて通り過ぎる人には、無視できない点があります。信仰者であるということです。さらにいえば、神の礼拝に従事する者、祭司とレビ人だったのです。これは、神を信じて賛美することが、神の心にかなう生き方を裏づけるわけではないことを示す、鋭い警鐘です。信仰者は、その信仰が求めるすべてに忠実でないかもしれず、にもかかわらず、神に近い気になり、他人よりも卓越していると思い込んでいるのかもしれません。そうではなく、兄弟姉妹に心を開くという信仰の生き方があり、それは、神に真に開かれていることの裏づけとなるでしょう。聖ヨハネ・クリゾストモは、キリスト者が問いただされるこの問題を、実に明確に表現しました。「キリストのからだを本当に尊びたいのですか。裸のキリストを見ても見下してはなりません。外では、裸のまま寒さに苦しむそのかたを見捨てておきながら、聖堂で絹の衣をまとって、そのかたをたたえてはなりません」(58)。皮肉なことに、信仰していないという人のほうが、信者よりも神のみ旨を生きているかもしれないのです。

75　「追いはぎ」は普通、「知らぬふりをして通り過ぎる」人々と、ひそかに同盟を結んでいます。そこからむしり取るために社会を利用し欺く人々と、自分の批判は確かだと思い込みながらも、その体制とそこからの資源を利用して生きている人は、同じ囲いの中にいます。違法行為の免責、個人や法人の収益のための社会制度の悪用、また、根絶できないその他の悪事が、あらゆることの信用を恒常的に失墜させ、不信と混乱を広げる疑惑をたえずまき散らしているならば、そこにあるのは悲しい偽善です。「何もかも間違っている」という欺瞞は、「どうにもならない」、「どうしようもない」ということです。こうして、失望と絶望が深まり、それにより、連帯と寛大の心が消されていくのです。人々を落胆させることは、完璧な悪の世界ができ上がることなのです。これが、隠れた真の思惑の横暴がひそかに行われる仕組みで、資力を、意見表明や思考の意欲を抑えつけるのです。

76　最後に、傷を負った人を見てみましょう。時にわたしたちは、彼のようにひどく傷つき、道端に投げ出されたように感じます。骨抜きにされゆがんだり、内外の少数の利益に供するよう仕向けられたりしている社会制度のせいで、見捨てられたとも感じています。なぜなら、「グローバル化された社会には、習慣化された、品よく視線をそらす方法があるのです。政治的公正《ポリティカル・コレクトネス》やトレンドのイデオロギーを装うことで、苦しむ人は触れられることなくテレビ中継で眺められるだけで、一見すると人情味ある、当たり障りのない話にされてしまうことすらある」(59)からです。

再起

77　わたしたちには毎日、新たな機会、新たなステージが与えられます。為政者にすべてを期待してはなりません。それは子どもじみたことです。わたしたちは、新たなプロセスや変革を始めたり生み出したりできる、共同責任の場に置かれています。傷ついた社会の回復と支援に、積極的に参与しなければなりません。今日、兄弟愛の神髄を明らかにするための絶好の機会が目の前にあります。憎しみや恨みを募らせるのではなく、失敗した人の痛みを背負う、もう一人のよいサマリア人になる好機です。この物語の中の偶然通りかかった旅人のように、必要なのはただ、純粋に、単純に、民になりたいという望み、倒れた人を受け入れ、共同体に加え、起き上がらせるため、不断に根気強く働きたいという、無欲な望みです。暴力を働く側の論理、自分のためだけに野心を抱き、混乱と嘘を拡散する者の論理に陥り、そこから抜け出せなくなっているという自覚をしばしば抱いていたとしても、そう望むことが必要なのです。パワーゲームとして政治や経済を考える人たちには、そうさせておけばいいのです。わたしたちはよいものを育て、よいもののために身をささげましょう。

78　けがした人の一つ一つの傷にサマリアの旅人が払ったと同じ気遣いをもって、一つ一つ足元から始めて、具体的な地元のもののため、ひいては祖国と世界の隅々のために闘うことは可能です。他者のもとへ行き、わたしたちのものである現実を、痛みや無力感におびえることなく引き受けようではありませんか。その現実に、神が人間の心に蒔《ま》かれたすべてのよいものがあるからです。圧倒されそうな困難は成長のための機会であって、服従へと向かわせる、怠惰な悲嘆は正当化されません。とはいえ、めいめいが、それを独りでするのではありません。サマリア人は、あの男の人の面倒を見てくれる宿屋の主人を求めました。わたしたちも広く呼びかけて、小さな個の集合よりも強力な「わたしたち」に巡り会うよう招かれています。覚えておきましょう。「全体は部分を超えるものです。単なる部分の総体ではありません」[60]。不毛な内輪の争い、終わらない対立、そのさもしさ、恨みを捨てようではありませんか。喪失の痛みを隠すのをやめて、わたしたちの罪悪、怠り、嘘の責任を取るのです。修復をもたらす和解がわたしたちを復活させ、自分自身に対する不安、そして他者への恐怖を取り除いてくれるでしょう。

79　旅の途上のサマリア人は、お礼や感謝を待つことなく去っていきました。奉仕への献身は、自らの神と人生とに向き合っての深い充足であり、それゆえ責務でした。わたしたちは皆、傷を負ったあの男、すなわち自分たちの民族と地上のあらゆる民族に対し責任があるのです。連帯と思いやりの姿勢、よいサマリア人の寄り添いの姿勢で、男女、子ども、お年寄り一人ひとりのもつ脆弱《ぜいじゃく》性に心を配りましょう。

垣根なき隣人

80　イエスは、一つの問いに答えるために、このたとえを示されました。わたしの隣人とはだれですか、です。イエスの時代の社会では、「隣人」という語は、もっとも近しい人、すぐそばの人を指すのに用いられていました。助けはまず、自分の集団や民族に属する人に向けるべきだと理解されていました。サマリア人は、当時の一部のユダヤ人からは、卑しく汚れた存在とみなされており、助けるべき親しい人ではありませんでした。ユダヤ人であるイエスが、この発想を完全に覆します。自分にとって近しい人はだれかと自らに問うのではなく、自分自身が近しい者、隣人となるよう招いておられるのです。

81　示されているのは、自分の所属する集団の仲間かどうかにかかわらず、助けを必要としている人の前にいるようにということです。この場合、サマリア人が、傷ついたユダヤ人の隣人となったのです。近しくそこにいるために、あらゆる文化的、歴史的な垣根を突き破ったのです。イエスは要求をもって締めくくります。「行って、あなたも同じようにしなさい」（ルカ10・37）。つまり、どんな違いをも気に留めず、苦しみを前に、だれに対しても近しくなるよう迫るのです。ですからこれからは、助けなければならない「隣人」がいる、ではなく、他者の隣人となりなさい、との呼びかけを聞く、そういいたく思います。

82　問題は、傷を負った男はユダヤ人（ユダヤの住人）であり、他方、足を止めてその人を助けたのはサマリア人（サマリアの住人）であったと、イエスがわざわざ強調されたことです。この点は、すべての人に開かれた愛の考察にとって非常に重要です。サマリア人は異教の習慣が浸透した地方に住んでおり、そのためユダヤ人からは、汚れた、忌み嫌うべき、危険な民とみなされていました。事実、忌むべき民族について言及する古代ユダヤ教の文書は、サマリア人を「民とはいえない」（シラ50・25）とまでいい、「シケムに住む愚かな者ども」（同26節）と言い添えています。

83　ですから、イエスに水を飲ませてほしいと頼まれたとき、サマリアの女は仰々しくこたえたのです。「ユダヤ人のあなたがサマリアの女のわたしに、どうして水を飲ませてほしいと頼むのですか」（ヨハネ4・9）。イエスの信用を落とすべく非難しようと画策していた人たちが見いだした最高の侮辱は、イエスを「サマリア人で悪霊に取りつかれている」（ヨハネ8・48）と呼ぶことでした。それゆえ、サマリア人とユダヤ人とのあわれみに結ばれたこの出会いは、強烈な問いかけです。それは、わたしたちの輪を広げて、愛の力に、あらゆる偏見、すべての歴史的・文化的な垣根、さもしい利害をことごとく突き破れる普遍的な次元をもたらすため、イデオロギーによる操作を徹底して否定するものです。

寄留者からの問いかけ

84　最後になりますが、忘れないでほしいのは、別の福音箇所でイエスがいわれていることです。「よそ者であったときに宿を貸し……てくれた」（マタイ25・35〔聖書協会共同訳〕）。イエスがこのようにいうことができたのは、他者の悲惨な体験をご自分のものとする、開かれた心をもっておられたからです。聖パウロは「喜ぶ人とともに喜び、泣く人とともに泣きなさい」（ローマ12・15）と勧告しています。心がこのような姿勢になれば、どこで生まれたのか、どこから来たのかにこだわることなく、自分のこととして相手を見ることができます。このダイナミズムに加わることで、ついには、他者が「自分の肉親」（イザヤ58・7〔聖書協会共同訳〕）であることを体験するのです。

85　キリスト者にとって、イエスのことばには、また別の超越的な次元があります。そこには、見捨てられた兄弟、排除された兄弟、その一人ひとりのうちに、キリストご自身を見ることが含まれているのです（マタイ25・40、45参照）。事実、信仰は、かつてない動機づけをもって他者を認識させるのです。信じる者は、神は一人ひとりの人間を永遠の愛をもって愛しておられ、「それによって、人には無限の尊厳が与えられている」[61]ことを認識できるようになるからです。そしてさらに、キリストはすべての人のため、一人ひとりのために血を流してくださり、それゆえ、だれ一人として、このかたの普遍の愛が及ばぬ者はいないことを信じています。そしてわたしたちが、神との親しいいのちである究極の源泉へと至るならば、交わりにあるすべてのいのちの完全な起源にして模範である、三つの位格の交わりに出会うのです。神学は、この偉大な真理の考察によって、豊かになり続けています。

86　そうした動機づけがあるのに、教会が、奴隷制やさまざまな形態の暴力を罪だと強く宣告するまで、かなり長い時間を要したことにがく然とすることがあります。霊性と神学が発展した今日では、いっさい言い訳はできません。それなのにまだ、さまざまな形態の、閉鎖的で暴力的なナショナリズム、外国人嫌悪の態度、自分たちとは異なる人への蔑視、さらには虐待さえも、信仰によって促されたとか、そうでなくとも、お墨つきを与えられていると考えるような人がいます。信仰は、それが内包する人道主義をもって、これらの傾向に対し批判的な感覚を働かせ続けるべきで、その兆しが見えたなら、即反応できなければなりません。このため、信仰教育《カテケージス》と説教においては、より直接的で明確に、生きることの社会的な意味、霊性の兄弟的次元、各人の不可侵の尊厳に対する確信、すべての人を愛し受け入れる動機、これらを扱うことが重要です。

第三章　開かれた世界を描き、生み出す

87　人間は、「余すことなく自分自身を与えないかぎり」(62)、自己実現も成長もなく、充足も得られないように造られています。他者との出会いがなければ、自分の真の姿すらも徹底して知ることはできません。「わたしは他者と内面的に交わるほど、……わたし自身とも実際に交わる」(63)のです。このことが、なぜ人は、愛する具体的な顔がなければ、生きる価値を体験できないのかを説明しています。ここに、真の人間存在の秘密があります。なぜならば、「いのちがあるのは、きずな、交わり、兄弟愛のあるところです。真のつながりと、実直な結びつきの上にあるのなら、いのちは死よりも強いのです。それとは逆に、自分は自分にの

み帰属し、孤島のように生きているのだとうぬぼれるなら、そこにいのちはありません。そうした姿勢には、死がはびこっています[64]」。

超え出る

88　愛は、各人の心の奥底から出てきずなを生み、人を自分自身から他者へ向けて抜け出させるときに、存在を広げます[65]。わたしたちは愛のために造られ、一人ひとりの内には、「ekstasis（脱魂）の法則というべきもの……すなわち、……他の人の中により完成した実存を見いだすために、自己の「外へ歩み出る」[66]ものがあるのです。このため、「いかなる場合においても、人間はこの事業をなし遂げないといけないのです。すなわち、自分自身から抜け出ることとです[67]」。

89　けれども自分の人生を、小数集団との、ましてや家族とのかかわりだけに矮小化《わいしょう》化させることはできません。なぜならば、より広範なかかわりの構造なしに、自分自身を理解することは不可能だからです。現在のかかわりだけでなく、自分以前にあったものも、また、これまでに自分の人生を形づくってくれたものです。自分にとって大切な人との関係で無視してはならないのは、その人は自分との関係だけで生きているのではないということ、また自分もその人とのつながりだけで生きているのではないということです。わたしたちの関係は、それが健全で本物ならば、わたしたちを拡大し豊かにしてくれる他者へと開きます。崇高な社会的感覚は、今日、親密な関係を装った自己中心的な内輪主義の影で簡単に失われます。そうではなく、真正である愛、成長を助ける愛、そしてもっとも崇高なかたちの友愛は、充満に至りうる心に宿ります。カップルや友人のきずなは、近しい人々に心を開くため、すべての人を受け入れられるよう、自分自身から抜け出るためのものなのです。閉じたグループや自己中心的なカップルは、世間に対して「自分たち」なるものを作っていて、その多くは、エゴイズムやただの自己保身を美化したにすぎません。

90　人里離れた地で暮らす数々の小さな集落が、通りすがりの旅人を迎え入れる寛容の力を磨き、もてなしという神聖な義務の模範的な姿を生み出したのには理由があります。中世の修道共同体もそのように生きており、それは聖ベネディクトの戒律にも見られます。修道院の規律と沈黙を乱すとしても、ベネディクトは、貧しい人と巡礼者に対しては「最大の配慮と気配り」(68)をもって接するよう要請していました。もてなしとは、自分の集団を超え出ての人類との出会いである、その挑戦と恵みを手放さずにいるための具体的な手段です。こうした人たちは、自分が養いうる価値あるものにはすべて、他者へと開くことで自らを超え出るこの能力が備わっていなければならないことを感じ取っていました。

愛の固有の価値

91 人は、勇気、節制、勤勉、その他の徳といった、倫理的価値として表れるいくつかの姿勢を鍛えることができます。さまざまな倫理的徳の行為に適切な方向性を与えるには、それがどの程度、対他者の開放と結合のダイナミズムを生み出せるかを考えなければなりません。このダイナミズムが、神によってかき立てられる愛《カリタス》なのです。そうでなければ、見せかけの徳しか得られず、交わりある人生を築くことができなくなるでしょう。それゆえ聖トマス・アクィナスは、聖アウグスティヌスを引用して述べたのです。――欲張りどもの剛毅、それは徳ですらない(69)。聖ボナヴェントゥラは別の言い方で、愛がなければ、その他の諸徳は厳密にいって、「神が望んでおられるように(70)」は、おきてを全うできないと説いています。

92　人生における霊的なレベルは、「人生が価値あるものとされるかされないかを最終的に決める基準[71]」である愛によって量られます。ところが信者の中には、自身の偉大さは、どれだけ自分の主義主張をほかの人に強要できるか、真実を力づくで守れるか、剛直さを激しく見せつけられるかにかかっていると考える人もいます。わたしたち信者は皆、知らなければなりません。愛が第一であり、決して危険にさらしてはならないものが愛であり、最大の脅威は愛さないことなのだと（一コリント13・1―13参照）。

93　神が恵みによって可能にしてくださる愛する経験がいかに生じるかを明らかにしようと、聖トマス・アクィナスはそれを、相手を「ある意味で自分と一体である……ものとみなし[72]」てその人に注意を向ける運動だと説きました。相手に向けられた愛ある関心は、相手の善を無償で求める志向を生じさせます。これはすべて、尊重と尊敬から始まります。究極的に「愛徳」ということばの背後にあるものです。つまり、愛する相手は自分にとって「いとおしい」、すなわち「価値が高いと判定される[73]」のです。だから、「ある人が他の者に対して好意を示すというその愛からして、その者に無償で何かを授けるということが生じる[74]」のです。

94　そうであれば愛は、あまたの慈善行為以上のものです。行為は、相手の身体的、道徳的条件を超えて、価値あるもの、尊いもの、喜ばしいもの、美しいものとして敬うことで、よりいっそう相手へと向かおうとする結びつきから生まれます。その人がその人であるがゆえの相手への愛が、相手の人生にとって最上のものを求めるようわたしたちを促すのです。このような関係を築くことによってのみ、だれも排除しない社会的友愛と、すべての人に開かれた兄弟愛が可能となるのです。

愛のますますの寛容さ

95　愛は最終的に、普遍的な交わりへとわたしたちを向かわせます。孤立することで、成長したり充実感を得たりする人はいません。愛はそのダイナミズムによって、ますますの寛容さ、他者を受け入れるいっそうの力を求めます。それは、相互のつながりの十全な意味へと向けて周縁をすべて組み入れていく、終わりのない冒険の中でのことです。イエスはわたしたちに「あなたがた……は皆兄弟なのだ」（マタイ23・8）といわれました。

96　自分の限界を超え出るようにとのこの要求は、さまざまな地域や国の間においてもいえることです。事実、「現代世界の交流と通信の機会の増大により、わたしたちは諸国家間における……一体感と共通の運命にあることをいっそう強く自覚するようになりました。わたしたちは、歴史のダイナミズムと、民族・社会・文化の多様性のうちに、互いに受け入れ合い配慮し合う兄弟姉妹から成る共同体を形成する使命が宿っているのを見いだします(75)」。

すべての人から成る開かれた社会

97　周縁部は、わたしたちの身近なところに、都市の中心部にも、家庭の中にさえも存在します。そしてまた、地理的ではなく実存的な、愛の普遍的な開放性というものもあります。それは、身近にいても、自分が関心をもつ世界に関係があるとは思えない人に近づいていく、仲間を広げようとする、普段から発揮している才能のことです。その一方で、この社会で苦しみ、見捨てられ、ないがしろにされる兄弟姉妹はだれしも、同じ国に生まれたとしても、実存的な意味での異邦人です。すべての書類がそろう市民であっても、自国で異邦人のような思いをさせられるのです。人種差別は簡単に変異するウイルスであり、消滅せずに隠れて、つねに待ち伏せているのです。

98　社会で異質な存在として扱われる、「隠れた追放者」について触れたいと思います[76]。障害のある多くの人は、「自分たちは帰属も参画もできずにいる存在だと感じています」。「彼らの完全な市民権の獲得を妨げる」ものが、まだ数多くあります。目指すのは、彼らを世話することだけでなく、彼らが「市民社会および教会共同体に積極的に参画できるようにすることです。それは、一人ひとりを、唯一無二のかけがえのない人として大切にする意識の形成に寄与する、険しく骨の折れる道のりです」。同じく、心に浮かぶのは「高齢者のことです。高齢ゆえの障害から、自分をお荷物だと思ってしまうこともあるのです」。それでも、すべての人が、「自分だけの特別な来歴を通して、共通善への唯一無二の貢献」ができるのです。何度でも申し上げたいと思います。「障害を理由に差別される人たちに、発言権を与えるための勇気をもってください。悲しいことに、今日いまだに、国によっては、彼らを同じ尊厳ある人として認められずにいるからです[77]」。

普遍的な愛の不十分な理解

99　境界を越えて広がる愛は、それぞれの都市や国で、「社会的友愛」と呼ばれるものの根底にあります。社会においてこの社会的友愛が本物であれば、それは、真の普遍的な寛大さを可能とする条件になります。これは、自分のいるグループに我慢がならず愛せないため、つねに移動せずにはいられない人の、誤った普遍主義とは異なります。自分のグループを見下す人は、自身の属する社会で、一級や二級、もっている尊厳や権利の多寡といった階級分けをします。そうして、すべての人に居場所があることを否定するのです。

100　わたしは、均質化と支配と搾取のために、一部の人によって命令あるいは計画として、そして表向きは理想として提示されるような、権威的で観念的な普遍主義を持ち出すつもりはありません。そこにあるグローバル化のモデルは、「表面上は一致を求め、意図的に、一次元的な画一化を目指し、差異や伝統を徹底して排除します。……グローバル化で、すべての人をあたかも球体のように均等化しようとすれば、そのグローバル化は、各人と各国の豊かさと独自性を破壊してしまいます」[78]。こうした普遍主義者の間違った夢は、世界から多様な色彩、美、そしてついには人間性を奪うことになるのです。なぜなら、「未来はモノトーンではなく、各人による多種多様な貢献によって実現するもの（なのです）。わたしたち人類家族にとって、皆が同じようになるのではなく、調和と平和のうちに共存すべきだと学ぶことが、どれほど必要でしょうか」[79]。

会員社会を超えて

101　ここでまた、なおも多くの勧めを示してくれるよいサマリア人のたとえ話に戻りましょう。道端に傷を負った男がいました。彼の脇を通り過ぎた登場人物たちは、近しい者となりなさいという内なる呼びかけにではなく、自分の役割、自分が得ている社会的地位、社会で重要視される仕事に意識を集中させていました。当時の社会にとっての名士を気取り、それぞれの急ぎの用件は、自分にふさわしいと思える役割でした。傷を負って道端に見捨てられていた男は、そうした計画にとって迷惑な存在で、じゃまであり、彼らにしてみれば何の役にも立たない人物でした。何者でもなく、一目置かれる集団に属しているわけでもなく、歴史を作るうえで何の役回りもありませんでした。一方、寛大なサマリア人は、自身、そうした階層のいずれからも外れ、社会には属する場のない部外者でしかありませんでしたから、そうした閉鎖的な階級づけからは免れていました。そのため、あらゆるレッテルと枠組みから解放されている彼は、自分の旅を中断し、計画を変更し、助けが必要な傷を負った男という思いがけない出来事に心を開くことができたのです。

102　今日、他と自分たちとを分離するアイデンティティに固執する社会集団がたえず生まれては伸展する世界において、この物語はどのような反応を引き起こすでしょうか。自己弁護的で自己中心的なそうしたアイデンティティや組織を揺さぶりかねないよそ者が存在することを徹底して阻止するために組織化へと傾く人々の心を、どうすれば動かすことができるでしょうか。このスキームでは、隣人になるという可能性は切り捨てられたまま、自分たちの利益を脅かさない人を隣人とするだけなのです。こうして「隣人」という語はすべての意味を失い、特定の利害で結ばれた人、「会員」ということばだけが意味をもつようになるのです。(80)

自由、平等、兄弟愛

103　兄弟愛は、単に個人の自由の尊重という条件によって生み出されるものでもなければ、しっかりと統制された平等がありさえすれば生じるものでもありません。それらは生じうる条件ではありますが、必然の結果として兄弟愛が生じるには十分ではありません。兄弟愛には、自由と平等に寄与する前向きなものがあります。意識的に兄弟愛を培わなければ、どうなるでしょうか。兄弟愛のための、対話のための、価値観としての相互贈与と相互繁栄の発見のための教育になるような、兄弟愛へと向かう政治的意志が欠けていれば、どうなるでしょうか。自由が劣化し、そうして、だれかや何かに属するため、あるいは所有して楽しむためだけの、ひたすら自己完結の孤立状態がいっそう深まるのです。これでは、ほかでもなく愛へと方向づけられた自由の豊かさを味わい尽くしているとはいえません。

104　平等は、「人類は皆、平等である」という抽象的な定義で獲得されるものではなく、むしろ、兄弟愛の意識的で教育的な育成の結果なのです。会員になることしかできない人は、閉ざされた世界を作ります。メンバーの輪に属さず、自分や家族のためによりよい生活を願ってやって来る人たちが、このスキームにどんな意味を見いだせるというのでしょうか。

105　個人主義はわたしたちを、さらに自由に、平等に、より兄弟にしてくれるわけではありません。個々人の益をただ合算しただけでは、人類全体にとってのよりよい世界は生み出せません。ますますグローバル化する膨大な悪から、自分たちを守ることすらできません。それどころか、過激な個人主義は、駆逐するのが非常に難しいウイルスです。だますのです。個々の野心と安心を積み上げれば共通善を築けるといわんばかりに、すべては自分の野心に任せるところから始まるのだと、わたしたちに信じ込ませるのです。

人々を鼓舞する普遍の愛

106　社会的友愛と普遍的兄弟愛を目指して歩むには欠かせない、基礎となる認識があります。人間とはどれほど価値があるものなのか、いついかなる状況にあろうとも、人にはどれほど価値があるのかを知っているということです。一人ひとりがそれほどに価値あるものであるならば、明確に、確実に、言明しなければなりません。「資源の少ない地や開発途上の地に生まれたことによって、その人が十分な尊厳をもたずに生活することが正当化されるわけではない」[81]と。これが社会生活の基本原則ですが、自分たちの描く世界についてのビジョンには資するところがない、あるいは自分たちの目的には役に立たないと考える人々からは、さまざまなやり方でそれはつねに無視されるのです。

107　すべての人間は、尊厳をもって生き、全人的に発展する権利を有しています。この基本的な権利は、いかなる国も否定してはなりません。あまり役に立てない人であっても、生まれや育ちに制約があっても、すべての人が有する権利です。そうしたことは、人間としてのはかりしれない尊厳を減じることではないからです。人としての尊厳は、境遇に基づくものではなく、その人の存在という価値に根拠があるのです。この基本原則が守られていなければ、兄弟愛にも人類の存続にも未来はありません。

108　この原則を、偏向的に取り入れるグループがあります。彼らは、すべての人に可能性があることを認めていますが、その先はすべて各人次第だと主張します。この偏った観点によるならば、「取り残された人、弱い人、生活手段をほぼ断たれている人への出資[82]」は、理にかなわないものでしょう。弱い人々のために出資することは利益にはならず、効率を下げるかもしれません。存在していて積極性をもった国家と市民社会の諸制度には、特定の経済・政治・イデオロギーのメカニズムがもつ、際限のない効率主義的構造を超え出ることが求められます。諸制度は間違いなく、まず人と共通善とに向けられるものだからです。

109　裕福な家庭に生まれ、よい教育を受け、十分な食事を与えられて育つ人も、生まれながらにして優れた能力をもっている人もいます。彼らには確かに、実行力のある国家は必要なく、自由さえあればよいのでしょう。ですが、障害をもつ人、貧困家庭に生まれた人、高等教育を受けずに育った人、病の適切な治療を受けられずに育った人に、同じルールを当てはめるのは明らかに無理なことです。社会がもっぱら自由市場と効率性の基準に従うならば、彼らに居場所はなく、兄弟愛はただのロマンティックな表現になるでしょう。

110　実際、「経済的自由の行使が阻まれているにもかかわらず、また雇用機会が連続的に減少しているにもかかわらず、経済的自由を声高に叫ぶのは二枚舌を使うこと[83]」です。自由、民主主義、兄弟愛といったことばから、意味が抜き取られてしまうのです。「わたしたちの経済社会システムから一人でも犠牲者が出る以上、また一人でも切り捨てられる以上、普遍的な兄弟愛の祝祭は存在しえない[84]」のは事実だからです。人間的で兄弟的な社会とは、必要最低限のものが保障されるだけでなく、多くの利潤を生まないとしても、時間がかかろうとも、効率とは程遠くとも、その人がベストの力を発揮できるよう、だれもが人生の旅路において寄り添いを得ることが、効率的かつ安定的に保障されるよう努める社会です。

111　人間は、不可侵の権利を備え、生まれながらにして、つながりに開かれています。その根底には、他者との出会いへと、自己を超え出て向かうようにとの呼びかけがあります。そのため、「人権の間違った理解や、逆説を弄する悪用から生じうる何らかの誤りに陥らないよう注意しなければなりません。今日、個人の権利の要求がますます拡大する傾向にあるのは確かなことです。個人主義と命名したくなるものです。そこには、まるで「モナド（単子）」のように、ますます冷淡な、いかなる社会的・人類学的文脈からも切り離された人間観が隠れています。……各人の権利は、より偉大な善へと調和的に秩序づけられていなければ、際限なく解釈され、結果的に争いと暴力の源となるのです[85]」。

倫理的善の促進

112　他者と全人類の善を望み追求するとは、全人的発展をもたらすさまざまな倫理的価値をもって人と社会の成熟に努めることでもある、そう言及しておく必要があります。新約聖書は、ギリシア語では αγαθοσύνη《アガソシン》 と表される聖霊の実りに言及しています（ガラテヤ5・22参照）。それは、善への関心、善の追求を示しています。さらにまた、他者のために、すばらしいもの、最高のものを求めることでもあります。その人の成熟、健やかな成長、価値観の育成であり、物質的な豊かさだけではないのです。bene-volentia という同様のラテン語表現もあり、それは他者の善益を願う姿勢を意味しています。善に対する強い欲求であり、すべてのよいもの、すばらしいものへの愛着であり、他者の人生を美しいもの、崇高なもの、有益なもので満たすべく、わたしたちを駆り立てるものなのです。

113　これに関して、胸を痛めつつも、今一度はっきりと申し上げます。「もう長らく、倫理、善、信仰、誠実さを茶化すことで、わたしたちは道徳的退廃を経験してきました。軽はずみな浅薄さは、ほとんど何の役にも立たないと認識するときが来たのです。社会生活の基盤が腐ると、対立する利害をめぐる争い……が確実に起こります」[86]。わたしたち自身のため、そして全人類のために、善の促進に立ち帰りましょう。そうして、真正で全面的な成長に向けてともに歩んでいきましょう。それぞれの社会は、価値観を確実に伝えていかなければなりません。そうしなければ、利己主義、暴力、さまざまなかたちの腐敗、無関心が広がってしまうからです。結局それは、いかなる超越にも閉ざされ、個人の利益を囲い込む人生なのです。

連帯の価値

114　わたしが強調したい連帯は、「個人の回心によりもたらされる倫理的な徳であると同時に社会的な姿勢であり、教育と養成の責任を担うすべての人の努力を必要とします。まず、教育において欠くことのできない第一の使命へと招かれている家庭について考えます。家庭は、愛と兄弟愛、共存と分かち合い、他者への配慮とケアを体験し、その価値を伝える最初の場です。家庭は、信仰を伝えるための特別な場でもあります。それは、母親が子どもたちに教える素朴な信心の基本動作から始まります。学校や他の青少年向けの施設で、子どもと若者の教育という重要な仕事に携わっている教育者や養成者は、人間の道徳的、霊的、社会的な側面に対する自らの責任を自覚しなければなりません。自由、相互尊重、連帯という価値観は、ごく幼少期から伝えることができます。……情報伝達ツールやコミュニケーション・ツールへのアクセスがますます広がりつつある現代社会においてはとくに、文化やソーシャル・コミュニケーションの分野に従事している人々もまた、教育と養成の責任を担います(87)」。

115　すべてのものが分散し、一貫性を失いつつあるように見える今、堅固さ(88)に訴えるのはよいことです。堅固さは、わたしたちは運命共同体であり、他者の弱さに対して責任があると知るところから生まれます。連帯の具体的な表現は奉仕であり、それは他者の面倒を見る、実にさまざまな形態を取りうるものです。奉仕は「おおむね、脆弱《ぜいじゃく》な面の世話をすることです。奉仕するとは、家族、社会、人民の中の脆弱な人たちの面倒を見ることです」。この業務において各自ができることは、「もっとも弱い人から実際に向けられる視線の前で、自分の願望や期待、権力欲を脇に置くことです。……奉仕はつねに、兄弟の相貌《そうぼう》を見、その肉体に触れ、親しみを覚え、場合によってはその人の「苦しむもの」を味わい、兄弟の地位向上を目指すことです。ですから、奉仕は決してイデオロギーではないのです。仕える対象は概念ではなく、人だからです[89]」。

116　末端に置かれた人々は、概して、「あのすばらしい連帯を実践しています。それは、苦労している人たち、貧しい人たちの間にあり、今の文明が忘れてしまった、あるいは、少なくとも忘れたいと願っている連帯です。連帯は必ずしも好まれることばではありません。それを耳障りなことば、口にするのがはばかられることばに何度か変えてしまったといえるかもしれません。ですがこれは、散発的なお情け行為のようなものをはるかに上回ることばなのです。それは共同体という観点から考え、行動することであり、一部の者によって占有される富よりも、すべての者のいのちを優先させることです。貧困、不平等、職や土地や家をもてない状態、社会権や労働権の否定などの構造的要因と闘うことでもあります。拝金帝国の破壊的影響に立ち向かうことです。……連帯とは、その根本的意味において解されるなら、歴史を作る様式であり、それは、草の根での活動がなすものなのです[90]」。

117　地球という、ともに暮らす家を大切にすることについて話すときには、普遍的良心、そして今なお人々の間に残る相互扶助を案じる思い、それらささやかなものに訴えています。もし自分には存分に水があっても人類をおもんぱかってそれを大事にするというならば、それは、自分自身を、また自分が属する集団を、超え出て行ける倫理的レベルに到達しているからなのです。これは実に人間らしいことです。まさにこの姿勢が、一人ひとりの権利を認めるために――その人が国境の外で生まれた人だとしても――求められています。

所有権の社会的機能の再提案

118　世界はすべての人のために存在しています。人は皆、同じ尊厳をもって、この地球に生まれるからです。肌の色、宗教、能力、出生地、居住地、その他多くのことの違いを、重視したり、皆の権利を損なって一部の人の特権を正当化することに利用したりしてはなりません。それゆえ共同体としてわたしたちには、すべての人が尊厳をもって生き、十全な発達のための適切な機会が得られることを保障する責務があるのです。

119　キリスト教信仰の最初の数百年間に、多くの賢人が、被造物は万人のためにあるということの考察において、普遍的感覚を発展させました[91]。そこから、尊厳ある生活に必要なものがもてずにいる人がいるのは、それをだれかが手放さずにいるからだという考えが導かれます。聖ヨハネ・クリゾストモは、それを次のように要約しています。「自分の財産を貧しい人々に分かち与えないとすれば、それは貧しい人々のものを盗むことになり、彼らの生命を奪うことになります。わたしたちがもっている物はわたしたちのものではなく、貧しい人々のものです[92]」。また聖大グレゴリオのことばにもあるとおりです。「貧しい人々に何か必要な物を与えるとき、わたしたちは自分のものを寛大に与えているわけではありません。彼ら自身のものを彼らに返しているだけです[93]」。

120　わたしは聖ヨハネ・パウロ二世のことばをもう一度自分のものにし、皆さんに示したいと思います。その力強さは、おそらく十分に理解されてはきませんでした。「神が大地を全人類に与えたのは、人類のだれ一人として欠けることなく生命を維持するためであり、神は何人をも排除をしたり、優遇したりしませんでした[94]」。この文脈で、思い出してほしいのは、「キリスト教の伝統が、私有財産権を絶対あるいは不可侵のものと認めたことはなく、あらゆる形態の私有財産の社会的目的を強調してき[95]」たことです。万人のためのこの世の資源を共同利用するという原理は、「倫理的、社会的秩序全体の第一原則[96]」であり、自然権、生来の権利、優先される権利なのです。[97]人間の十全な実現に必要な財についての、他のすべての権利は、私有財産権やその他の権利を含め、聖パウロ六世が断言したように、「実現を妨げるものであってはならず、むしろその実現を助けるものでなければならない[98]」のです。私有財産権は、被造物である財は万人のためにあるという原理から派生する、二次的な自然権としかみなされません。これは社会の機能に表れるべき、実に具体的な結果をもたらします。しかしながら、第一の生来的権利よりも二次的権利が優先され、実際の意義が奪われてしまうことが少なからず起きるのです。

権利に国境はない

121　それゆえ、だれも除外されたままでいることがないようにしなければなりません。その人の生まれがどこであるかということや、ましてや、機会に恵まれた地に生まれた人の特権がそうさせてはなりません。国境や境界線が、それを妨げてはならないのです。女性であるがゆえに権利が制限されることが許されないのと同じく、生まれた場所や住んでいる場所で、尊厳ある生活や発展のための機会が減ってしまうことも容認できないのです。

122 開発は、少数者の蓄財のためであってはならず、むしろ「個人や民族の権利、また個人的、社会的、経済的、政治的分野における各種の権利[99]」を守るものでなければなりません。一部の人の権利である企業や市場の自由を、民の権利や困窮者の尊厳よりも優先させてはなりません。そして、環境保護より優先させてもなりません。「自身のものにするということは、皆の善のためにそれを管理するということにすぎない[100]」からです。

123 企業家の活動が、「富を生み、わたしたちの世界を改善する尊い使命[101]」であるのは事実です。神は、わたしたちに授けた才能が生かされるよう促し、期待して、宇宙を可能性で満たしてくださいました。神の計画では、人間はそれぞれ自らの向上に努めるよう召されており[102]、これには、財を積み富を増大させるための経済的・技術的能力の活用も含まれています。いずれにしても、企業家らのそうした能力は神からの贈り物であり、それらは明白に、他の人々の発展と貧困の克服を、とりわけ、さまざまな雇用を創出することによって目指すべきです。私有財産権にはつねに、もっとも重要で何よりも優先される原則が伴います。それは、地上の財貨は万人のためにあり、それゆえ、その使用も万人の権利であるという原理に、あらゆる私有財産は従属するというものです[103]。

民の権利

124　地上の財貨は万人のためにあるという確信は、今日、国やその領土や資力に対しても当てはめなければなりません。それを、私有財産の正当性や、特定の国の市民の権利の正当性からだけでなく、財の共同使用という第一原理から見るならば、それぞれの国は、他国から来た人のものでもあるということもできるので、その土地の財をよそから来た困窮者に対して拒むべきではないのです。米国の司教団が教えたように、基本的権利は「神によって造られた一人ひとりに付与された尊厳に由来するものであるため、いかなる社会よりも優位にある[104]」のです。

125　このことはまた、国家間の関係や交流についてのさらなる理解を提示します。すべての人に不可侵の尊厳があるならば、すべての人間がわたしの兄弟や姉妹であるならば、世界が本当に万人のものであるならば、どこで生まれたとか、祖国を出て暮らしているとかは、大したことではないのです。わたしの国も、その人の発展に対して連帯責任がありますが、その責任はさまざまなかたちで果たすことができます。すなわち、緊急に必要とされる場合にその人を寛大に受け入れること、その人の国でその人たちの地位が向上されるよう働きかけること、その国の民の人間らしい発展を妨げる腐敗した構造に加わって国全体の天然資源を使用したり枯渇させたりしないことなどがあります。国に当てはまるこの責任は、国内の深刻な不平等が少なくない諸地域にも適用されます。国内が豊かになった地域が消費水準を押し上げるために、貧しい地域という「お荷物」から逃れることを夢見るのは、人間の対等な尊厳を認められないからという場合もあるのです。

126　国際関係における新たなネットワークについて話します。個人や小集団の自助・共助だけを考えていては、世界の深刻な問題の解決策は見えてこないからです。忘れてはなりません。「不平等は、個人ばかりでなく、国全体にも影響を及ぼします。ですから、国際関係における倫理について考えねばなりません(105)」。それに正義は、個人の権利だけでなく、社会の権利や民族の権利も認め、尊重することを求めています。[106] いわんとすることは、対外債務による圧力で大きな壁に阻まれることもある「国民の生存と発展という基本的権利[107]」の保障です。債務の支払いは、多くの場合、発展を推し進めないばかりか、それを制限し、大きな制約となります。合法的な契約による債務はすべて支払われなければならないという原則は維持されるものの、多くの貧困国が富裕国に対して負うこうした義務の遂行の方法が、貧困国の存続や成長を脅かすものであってはなりません。

127　間違いなく、これは別の論理なのです。この論理に入らないのなら、わたしのことばは夢物語に聞こえるでしょう。しかし、不可譲の人間の尊厳を有しているという事実のみに起因する権利の大原則が受け入れられているなら、別の人類を夢見、思い描く挑戦は可能なのです。すべての人に、土地、住居、仕事が確保されている地球を焦がれることは可能なのです。これこそが真の平和への道であり、それは、外部からの脅威に対して恐怖と不信の種を蒔《ま》く、無意味で短絡的な戦略とは異なります。真の恒久的な平和は、「人類家族全体が、相互依存と共同責任によって築く未来に奉仕する、連帯と協働の世界的な倫理によってのみ実現可能[108]」だからです。

第四章　全世界に開かれた心

128　すべての人は兄弟姉妹――この主張は、それが抽象にとどまらず肉を得て具体化すると、幾重もの課題を提示してわたしたちに考えを改めさせ、新たな視野をもって新たな対応を展開するよう突き動かします。

国境の限界

129　隣人が移住者の場合、複雑な課題が加わります。(109) 確かに理想は不必要な移住を避けることであり、そのためには出身国で、尊厳をもって暮らし成長する実際的な可能性を創出し、その地で自身の全人的発展のための条件が整うようにすべきです。しかし、この方向性において十分な進展があるまでは、本人やその家族の基本的必要を満たすだけでなく、人として十分な自己実現がかなう定住先を得るという、万人が有する権利を尊重するのはわたしたちの義務です。到着する移民に対するわたしたちの取り組みは、四つの動詞に要約されます。受け入れること、保護すること、向上させること、共生することです。「大事なのは、優れた福祉プログラムを上から与えることよりも、この四つの行動を通してともに旅をすることです。それぞれの文化と宗教的アイデンティティを保ちつつ、相違に対して開放的で、人類兄弟愛のしるしのもとに高め合える町、国を築くためなのです[110]」。

130　これには、最低限必要な対策、なかでも、深刻な人道危機からの避難者に対するものが含まれています。たとえば、ビザの発給数増加と手続きの簡略化、個人や共同体の財政支援プログラムの採択、もっとも弱い立場にある難民のための人道回廊の開拓、適正でまっとうな滞在施設の提供、身の安全と基本的サービスの確保、領事館からの適切な支援——身分証明書を確実に受け取れる権利、公正な司法利用、銀行口座の開設、最低限の生活必需品の保障――の確保、移動の自由と就労機会の付与、未成年者の保護と教育を普通に受けることの保障、一時的な後見人や里親制度の整備、信教の自由の保障、社会参画の推進、家族の呼び寄せの促進、共生を生む地域コミュニティの準備などです(111)。

131　移住してすでに久しく、社会に溶け込んでいる人たちには、「市民」という概念を適用することが大切です。それは「権利と義務が平等であることを基盤としており、そのもとで万人が正義を享受しています。だからこそ、「完全な市民権」の概念をわたしたちの社会に定着させ、孤立感や劣等感を生み出しうる「マイノリティ」ということばを差別的には使用しない努力が求められます。それは対立や軋轢《あつれき》の素地となり、差別によって、一部の市民の発展と、宗教的・市民的権利とを取り上げるのです(112)」。

132　国家は、さまざまな必須行動の範囲を越えて、適当な解決策を独自に推し進めることはできません。「各国の選択の結果が国際社会全体に影響を及ぼすことは避けられないためです」。したがって、「解決は共働によってのみ得られる(113)」のであり、それが移住のための国家間の法整備《グローバル・ガバナンス》へとつながるのです。いずれにせよ必要なのは、「単なる緊急対応にとどまらない中長期的な計画の立案です。そうした計画は受入国における移民の参画を実際的に促すことに寄与しつつ、同時に、出身国の発展にも貢献するものであるべきです。支援の名のもとに、対象となる民族のイデオロギーになじまないものや文化を否定するような戦略や実践に従いはしない、連帯政策で行うべきなのです(114)」。

互いに与え合う

133　異なる生活・文化の背景をもつ多様な人々の到来は、贈り物となるのです。なぜならば、「移住者の歩みはまた、人や文化との出会いの物語でもあります。その到着する地域コミュニティや社会にとって移住者は、すべての人にとっての、いっそうの繁栄と全人的発展の機会(115)」となるからです。そのため、「若者の皆さんにとくにお願いします。自分たちの国に来たよその若者に対抗して、彼らを危険な存在、あたかも彼らには万人が有する不可侵の尊厳がないかのように見せようとする者たちの、策略に陥ってはなりません(116)」。

134　かてて加えて、異なる人が心から受け入れられれば、その人は自分らしさを失わずにいられ、同時に、新しい発展の機会が与えられます。何世紀にもわたって豊かさを生み出してきた多様な文化は、この世界が衰退しないように保持されるべきです。他の現実との出会いによってそこから何か新しいものが生まれるように、多様な文化を励まし続けることが大切です。文化の硬化症の犠牲者になってしまうおそれは無視できません。そのために、「コミュニケーションを取り、それぞれの豊かさを発見し、わたしたちを結びつけてくれるものを大切にし、すべての人を尊重しつつ成長する機会として、違いを受け止める必要があります。個人、家族、共同体が自らの文化の価値を伝え、他者の経験にあるよいものを受け入れることができるように、根気強く、信頼に満ちた対話が必要なのです[117]」。

135　以前話したことのある例を紹介します。ラテンアメリカの文化は、「米国にとって非常に有益なものとなりえる、価値観と可能性の酵母です。……大量の移民はつねにその地の文化に影響を与え、変容させます。アルゼンチンにおいては、大量のイタリア移民が社会の文化に影響を与えました。ブエノスアイレスの文化様式においては、約二十万人いるユダヤ人の存在が顕著です。移民は、社会で共生できるよう助けを差し伸べれば、恵みとなり、社会を成長に招く富、新しい贈り物なのです[118]」。

136　より広い視野で、グランド・イマーム、アフマド・アル・タイーブ師とともに確認いたしました。「西洋と東洋の関係は、論じるまでもなく互いにとって必要なもの、かけがえのない、おろそかになどできないものです。文化交流と対話を通して、それぞれが他方の文明によって豊かになるからです。西洋は東洋文明の内に、物質主義の支配によって引き起こされた自らの霊的・宗教的病のいくつかに対する治療法を見いだせるかもしれません。東洋は西洋文明の内に、脆弱《ぜいじゃく》さ、分断、紛争、科学的・技術的・文化的衰退から救われる助けとなる多くの要素を見いだせるかもしれません。東洋において人格、文化、文明の形成に不可欠な要素である、宗教、文化、歴史の相違に注意を払うことも重要です。また、二つの基準《ダブルスタンダード》を用いる政策を避け、東洋と西洋のすべての人に尊厳ある生を保障するために、すべての人の、かつ共通の人権を揺るぎないものにすることが大切です[119]」。

実りある交流

137　国どうしの相互扶助は、実際に、すべてにとって益となるのです。自らに固有の文化的基層から発展する国は、全人類の宝です。今日では、皆が救われるか、だれも救われないか、そのいずれかなのだという意識を強める必要があります。地球上のどこかでの貧困、悪化、苦しみは、最終的には地球全体に影響する諸問題の静かな温床なのです。特定種の絶滅を憂えるのであれば、貧困や他の構造的制約から、自身の可能性や美しさを発揮できずにいる人や民族が至るところにいる、そのことを気に病んでしかるべきです。その行き着く先は、わたしたちすべての貧困化だからです。

138　これが、これまでもつねにそうであったのなら、グローバル化により、かつてないほど強く結ばれた世界の現実によって、なおいっそう明白なのです。わたしたちには、「連帯におけるすべての民族の発展に向けた国際協力を強化し、それを方向づけることのできる[120]」世界規模の法、政治、および経済の秩序が必要です。それは結局、地球上のすべてに恩恵をもたらします。「貧困国への開発援助は、すべての人のために豊かさを産出する[121]」からです。全人的発展の観点から見れば、それは「共同の意思決定への貧困国の効果的な参画[122]」であり、そして「貧困と低開発に苦しむ国々の国際市場への参画をより可能にする[123]」ための努力のことです。

無償で受け入れる

139　とはいえ、この問題提起を何らかの功利主義に矮小化《わいしょう》させるつもりはありません。無償性があるのです。それは、結果を期待せず、何ら直接の見返りを求めずに、それ自体がよいことだというだけで、何らかをなす力です。これがため、差し当たり目に見える利益をもたらさずとも、外国人を受け入れられるようになるのです。もっとも、科学者や投資家のみを受け入れると主張する国もあります。

140　兄弟的無償性を生きない人は、自身を強欲な商人に変え、自分が与えるものと、その見返りに得るものをいつも量っています。対して神は、無償で与えてくださいます。忠実ではない者さえも助けるほどにです。「悪人にも善人にも太陽を昇らせてくださる」（マタイ5・45）のです。だからイエスは次のように望まれるのです。「施しをするときは、右の手のすることを左の手に知らせてはならない。あなたの施しを人目につかせないためである」（マタイ6・3—4）。わたしたちは無償でいのちを受けました。いのちを得るのに支払いはしていません。だからわたしたちは皆、何ら期待せず、与えることができるのです。助ける相手に見返りを求めることなく、よいことができるのです。これは、イエスが弟子たちにいわれたことです。「ただで受けたのだから、ただで与えなさい」（マタイ10・8）。

141　世界の国々の真の良し悪しは、国としてだけでなく、人間家族として考えることのできるこうした力で量られるものであり、それはとくに、危機の時代に試されます。閉鎖的なナショナリズムは、つまるところ、こうした無償性の余地がないことを表しています。他者の破滅とは無関係に発展することができる、ほかを受け入れないことで自分たちはより守られる、そう信じる思い違いです。移民は、差し出すことをしない、ただの強奪者と見られています。このようにして、貧しい人々は危険であるか役に立たない者たちであり、富裕層は寛大な慈善家であるという、おめでたい考えをもつようになるのです。無償の受け入れを備える社会的、政治的な文化だけが未来を得られます。

ローカルとユニバーサル

142　覚えておくべきことがあります。「グローバリゼーションとローカリゼーションの間にも緊張が生じています。日常的な狭量さに陥らないよう、地球規模の側面に注意を向けなければなりません。しかし同時に、地に足を着けて歩ませてくれるローカルな視点も失ってはなりません。両者を併せ持つことで、二つの極端を避けることができます。一つは抽象的にグローバル化した世界に住む市民で……、今一つは、民俗博物館にいる地方の世捨て人のようで、ひたすら同じことを繰り返すしかなく、異なることについて尋ねられないようにし、また垣根を越えて神が与える美を認めることもできないでいます」[124]。地元愛の狭量さから救い出してくれる、グローバルなものに目を向けなければいけません。地元がもはやふるさととはいえず、柵《さく》で囲われた場所、牢獄になったとき、グローバルなものがわたしたちを救い出してくれます。それは、わたしたちを充満へと引き寄せる、目的因のようなものだからです。同時にまた、ローカルを温かく受け止める必要もあります。グローバルなものにはないものがあるからです。それは、パン種となり、豊かにし、補完性を機能させます。したがって、普遍的兄弟愛と社会的友愛は、どの社会においても、切り離すことのできない共通の本質をもった二つの極なのです。二つを切り離せば、ゆがみが生じ、有害な二極化につながるのです。

ローカルの味

143　解決策は、固有の宝を放棄するような開放主義ではありません。個人のアイデンティティなくして他者との対話はないのと同様に、郷土愛、その民への愛、固有文化の特性への愛着なくして、人々の間に開かれた姿勢はないのです。自らをしかと立たせて根ざしている基盤がなければ、他者とは向き合えません。その基盤があるからこそ、相手の贈り物を受け入れ、真なるものを相手に差し出すことができるのです。同胞である民とその文化に固く結ばれていれば、異なる人を受け入れ、相手の独自の貢献を受け取ることができるのです。だれもが、特別な責任感をもって自分のふるさとを愛し大切にし、自分の国を案じています。だれしも、自分の家が崩れないように愛着をもって大切にしなければならないのと同じです。それは近所の人の務めではありません。世界規模の善もまた、それぞれの人がふるさとを守り愛することを求めています。そうでなければ、一国の災いの余波が、地球全体に影響を及ぼすことになってしまうのです。これは、所有権の肯定的な意義に基づくものです。つまり、自分のものを大切にして育てることが、すべての人の善への貢献となりうるのです。

144　さらにいえば、それは健全で豊かな交流の前提条件です。特定の地域や文化での生活の経験には、同じ経験をしていない人には分かりにくい現実の姿を感じ取れるようにする力が隠されています。世界は、支配的な文化の独占的形態によって均質化、画一化、規格化された帝国であってはならないのです。それは、いずれ多面体としての彩りを失い、うんざりするものになってしまうでしょう。これは、バベルの塔の古い物語で表現されている誘惑です。天まで届く塔の建設は、多様性に基づく諸民族の間でのコミュニケーションを介した一致を表現していません。それどころか、人間のおごりと野心から生じる、欺瞞的な企てでした。神が諸国民のためのご自分の摂理の計画において望まれたものとは異なる単一性を、作り出そうとするものだったのです（創世記11・1―11参照）。

145　世界に対する誤った開放があります。郷里について深い明察ができない者や、同胞に対してぐずぐずと遺恨を抱く者の、空虚な浅薄さから来るものです。いずれにせよ、「わたしたち全体の益となる、大きな善を見分けるために、つねに視野を広げなければなりません。しかし、はぐらかしたり、追放することなくそうしなければなりません。神からの恵みである、肥沃な土地、わたしたちが置かれた歴史に根を張る必要があります。狭い範囲で、手の届くところで、けれども広い視野をもって働くということです。……これは、個人の価値を失わせるグローバル化のことでも、不毛である孤立した部分性のことでもありません[125]。それは多面体です。一人ひとりがそこで、その価値ともども尊重されるのです。「全体は部分を超えるものです。単なる部分の総体ではありません[126]」。

グローバルな視野

146　ローカル偏重のナルシシズムというものがあり、それは同胞やその文化に対する健全な愛とは違います。そこには、よそのものに対するある種の不安や恐怖から、身を守るべく防御壁を築きたがる閉鎖的な精神が潜んでいます。しかし、グローバルなものに対する真摯で友好的な開放性がなければ、他の場所で起きていることを自らに問わなければ、他の文化によって自らを豊かにしなければ、他の民の悲劇に連帯しなければ、健全なローカルとはなりません。こうしたローカリズムは、取りつかれたように、いくつかの理念、慣習、保障に自己を閉ざし、全世界から差し出される無数の可能性や美に対して感嘆の声を上げられず、真の寛大な連帯に欠けています。こうなるとローカルな暮らしはもはや、実際の受容力が乏しくなり、他なるもので補完されなくなり、そのため、発展の可能性が制限され、硬直化して病んでしまうのです。事実、健全な文化は元来どれも開かれていて友好的であるので、「グローバルな価値観をもたない文化は、真の文化ではないのです(127)」。

147　人は、考え方や心に余裕がなくなればそれだけ、身を置いている場を囲む現実を解釈しにくくなることを認識しておきましょう。異なるものとの関係や比較なしには、自分自身や自分のふるさとについて、明確に完全に理解することは難しいのです。他の文化は、それから身を守らなければならない敵ではなく、人間らしい暮らしの限りない豊かさを、さまざまに映すものだからです。他なるもの、異なるものという観点から自分自身を見ることにより、各人は、自分という人間とその文化の独自性、つまり、自らの豊かさ、可能性、限界について、認識を深められるのです。ある場所で得られる経験は、異なる文化的背景に生きる他者の経験と「対比的」かつ「調和的」に展開されなければなりません(128)。

148　間違いなく、健全な開放性がアイデンティティを脅かすことはありません。なぜならば、生きている文化は、他の場所の要素をもって豊かになることで、複製や単なる反復を行うのではなく、「自分なりに」新しいものを自らへと組み入れるからです。これによって、いずれすべての人の利益となる、新たな集合体が誕生するのです。そうした貢献をもたらす文化には、後で豊かに還ってくるのです。ですからわたしは、先住民族に自分たちのルーツと先祖伝来の文化を大切にするよう勧めたのです。ただしそれについて、はっきりさせておきたいと思います。「いっさいの混交（mestizaje 混血）を否定する、まったくの閉鎖的、非歴史的、固定化された、先住民主義《インディヘニスモ》の提案は、わたしの意図するものではありません」。「文化的アイデンティティ自体、異なるものとの対話によって根を強くし豊かにするのであり、真の保存とは、脆弱化を生む隔離とは異なるのです」[129]。世界は、いっさいの文化的強要のない、開かれた文化間で生じる相次ぐ総合によって成長し、新たな美で満たされるのです。

149　郷土愛と、全人類への心底からの愛着、その両者の健全な関係を促すために覚えておくとよいのは、グローバル社会とは諸国の総和ではなく、むしろ各国間の交わりそのもののことであり、いかなる特定集団の出現にも先んじる相互包摂だということです。このグローバルな交わりによって織り成されたものの中へと、個々の人間集団は組み込まれ、そこで自らの美を見いだすのです。だれもが、それぞれ特定の状況下に生まれますが、それなしには自分自身を完全に理解することはできないものとして、自分がより大きな家族の一員であることを知るのです。

150　結局のところ、この視点が求めるのは、いかなる民族、文化、個人も、独力ですべてを獲得することはできないということに快く同意することです。豊かな人生を築くための構成要素として、他なるものは必要です。限界や不完全さの自覚は、脅威であるどころか、共通の計画を夢見、練り上げるための鍵となるのです。「人間は限界をもたない限界的存在者」[130]だからです。

自分の地域から

151　弱小国が全世界へと開かれる地域交流のおかげで、グローバル化による独自性の希薄化が抑えられうるのです。諸国民から成る家族にあって、世界に対し適切に真に開くには、隣人に心を開く力が必要です。近隣の人々との文化的・経済的・政治的共生には、健全な全面的一体性に達するために不可欠な足がかりとしての演習である、隣人愛という価値観を促進する教育過程が必要です。

152　いわゆる下町のような地域では、今も「向こう三軒両隣」の精神を生きています。近所の人とつきあい、支えるという義務感を、それぞれが自然と抱くような場所です。そうした地域社会コミュニティの価値観が残る場所では、この界隈《かいわい》の「わたしたち」という感覚で、無償性、仲間意識、相互扶助を特徴とする近所づきあいが続いています[131]。近隣諸国間でも、こうあってほしいのです。それぞれの国民の間に、真心ある近所づきあいを築いてほしいのです。しかしながら、個人主義的な見方は、諸国間の関係にも反映されます。他なるものを危険な競争相手や敵とみなして、互いに相手から身を守って生きることの危険性は、地域の人々との関係性に転移するのです。わたしたちは、こうした恐怖と不信の中で教育を受けたのかもしれません。

153　この孤立から利益を得て、各国と個別に交渉することを好む強国や大企業があります。反対に、小国や貧しい国には、近隣諸国と地域協定を結ぶ可能性が開かれることで、連合国として交渉し、孤立分断や大国依存に陥る事態が回避できるようになります。今日、孤立状態にある国家には、自国民の共通善を保障することはできません。

第五章　最良の政治

154　社会的友愛を生きる民族と国民を起点にした兄弟愛が実現可能な世界共同体の展開を生み出すには、真の共通善に貢献する最良の政策が必要です。ところが残念ながら、今日の政治はしばしば、別の世界へと向かうことを阻む体制をしいています。

ポピュリズムと自由主義

155　弱者切り捨ては、弱者をあおって都合よく利用するポピュリズムのやり口や、富裕層の経済的利益のための自由主義のやり口に潜んでいることがあります。いずれの場合も、すべての人に居場所があり、弱者をも組み込み、多様な文化を尊重する、開かれた世界を思い描くのを妨げていることが分かります。

民衆派《ポピュラー》か大衆迎合《ポピュリスト》か

156 近年、「ポピュリズム」や「ポピュリスト」という語が、メディアや日常会話にも浸透しています。そうしてその語は、有していたはずの価値を失い、分断した社会の極の一つとなるのです。そこから、すべての人、集団、社会、政府を、「ポピュリスト」か「非ポピュリスト」かという、二つの対立項に分類しようとするまでになってしまいました。もはや、いかなるテーマについても、この二極のいずれかに分類せずには意見することができなくなるのです。不当に信用を損ねようとして、あるいは過剰に称賛しようとして、その分類を行うこともあります。

157 ポピュリズムを、社会の現実を読み解く鍵に据えようとする主張には、もう一つの欠点があります。それは、民という概念の正統性を無視していることです。民というカテゴリーを言語上からなくそうとする試みは、「民主主義」――つまり「民衆による統治」――ということばの抹消にまでつながりうるのです。しかしながら、社会とは単なる個人の集合体以上のものだと断言するには、「民」という語は必要なのです。現実には、大多数をつなぎ合わせる社会的事象があり、大きな風潮、共同体規模の志向があります。共通の計画をともに実現するために、違いを超えて共通の目的を考えることもあります。結果として、集団としての夢にならないと、長期的に大きな何かを計画していくのは非常に困難です。こうしたことは、名詞「民」と形容詞「大衆的《ポピュラー》」ですべて表現されます。衆愚政治《デマゴギー》に対する確固たる批判を含め、民の参画が阻まれれば、社会の現実の基本的側面が切り捨てられてしまいます。

158　そこには誤解があるのです。「民衆とは、彼らのなすことはすべて善良であるという意味での、あるいは、彼らは天使のような存在であるという意味での、論理的カテゴリーでもなければ、神秘的カテゴリーでもないのです。そうではありません。神話的カテゴリーなのです。……民衆とは何かを説明する際に、必要なものとして論理的カテゴリーを用いる、それは当然です。しかしその方法では、民衆に属することの意味を説明できません。民衆という語には、論理的には説明できない何かがあるのです。民衆の一員になることは、社会的、文化的つながりから成る共有のアイデンティティの一部となることです。それは自動的なことではなく、反対に、共通の計画に向けての、時間のかかる難しい歩みなのです[132]」。

159　民衆の感情や文化的動向、社会の大きな潮流をくみ取る力のある、民衆派の指導者がいます。その人たちが結集し指導的立場を担うことで務める奉仕は、変革と成長の永続的な計画の基礎となりえるもので、共通善追求のためには他者に役職を譲る力も含んでいます。ところが、これが狂ったポピュリズムに劣化してしまうのは、私的な計画や権力維持のために、何らかのイデオロギーの旗じるしのもと、大衆という文化を政治的に利用する目的で賛同を引き寄せようとする者の力へと変化してしまう場合です。さらにいえば彼らは、一部の民衆の卑劣で利己的な性向を刺激して大衆の気を引くこともあります。乱暴な、あるいは狡猾なやり口で、制度や合法性を盾にした支配へとそれが変われば、いっそう深刻な事態になるのです。

160　閉鎖的なポピュリスト集団は、「民」ということばをねじ曲げています。実は彼らは、真の民衆については語っていないのです。事実、「民」というカテゴリーは開いているものです。生き生きとした、ダイナミックな、未来ある民は、異なるものを取り入れることで、新たな総合につねに開かれています。自らを否定することでそうするのではなく、他なるものによって動かされ、問われ、拡大し、豊かになろうとする気構えゆえにそれをなし、そうして発展することができるのです。

161　民衆派の権力者の堕落の別の一面は、即効主義です。票や支持を得るために大衆の要望にこたえはしても、人々が自分たちの努力と創意をもって暮らしを守れるよう、その発展のための資源をもたらすという、骨の折れる不断の努力をしません。これについては、はっきりと申し上げてきました。「わたしは無責任に大衆に迎合しているわけでは決してありません[133]」。格差を埋めるには経済成長を想定し、各地域の潜在能力を生かして、持続可能な公平性を確保すべきです[134]。さらに、「特定の切迫事に対処する福祉計画など、単に仮の対応にすぎないと考えるべきです[135]」。

162　最大の問題は職です。真の民衆派――彼らは民の善益を促進するのです――は、一人ひとりの内に神が蒔《ま》いた種、すなわちその人の能力、発意、強さが芽吹くチャンスを、すべての人に約束するはずです。これこそが、貧しい人々への最大の支援であり、尊厳ある人生に至る最良の道です。だからこそ強く申し上げるのです。「貧しい人々への金銭的援助はつねに、差し迫った必要にこたえる、当座の解決策でなければなりません。真の目標はつねに、貧しい人々が自ら働くことによって尊厳ある生活を送ることができるように[136]」することです。どれだけ生産の仕組みが変わろうとも、政治は、一人ひとりが何らかのかたちで、それぞれの能力と努力とで貢献できる社会機構を目指すという目的を放棄してはなりません。なぜならば、「働くこととその尊厳を奪うこと、それ以上にひどい貧困はない[137]」からです。真に発展した社会では、就労は社会生活に欠かせない側面です。食べていく手段であるだけでなく、個人の成長、健全な関係の構築、自己の表現、恵みの分かち合い、よりよい世界を築く共同責任の自覚、そしてつまるところ、民として生きるための手段でもあるからです。

自由主義の立場の価値と限界

163　民というカテゴリーは、共同体のきずなや文化のきずなに対する肯定的な評価を内包していますが、社会は同時に存在する利害関係の寄せ集めでしかないとする個人主義的自由主義の立場からは、概して否定されています。彼らは自由を重んじることについて語りますが、そこには共通の物語という根が欠けています。特定の文脈においては、社会的弱者の権利を擁護する人たちが、一律にポピュリストとして非難されがちです。そうした立場においては、民というカテゴリーは、ありもしないものの神話化なのです。しかしながら、そこには必要のない偏向が生じています。民という概念にしろ、隣人という概念にしろ、どちらも社会機構や科学や市民社会制度を退けたり軽んじたりする、神話的あるいは情緒的なだけのカテゴリーではありません[138]。

164　愛徳は、そうした神話的な面と制度的な面とを一つにします。制度、法律、技術、経験、専門知識、科学的分析、行政の手続きなど、基本的にすべてのものを取り入れることを求める、歴史を変えるに効果的な歩みを愛徳は意味するからです。なぜなら、「公の秩序によって守られていなければ、私的生活などありえません。法の庇護のもとになければ、すなわち、法と力に基づいて、仕事の分担、経済活動、社会正義、政治的市民権によって、最低限の福祉が保障された安寧の状態になければ、家庭はプライバシーを維持できません[139]」。

165　真の愛には、これらすべてをその献身の中に組み込む力があります。愛は、人と人との出会いの中に現れるべきものである以上、組織化された自由で創造的な社会の諸制度が生み出しうる多様な資源を通して、遠く離れた、また知ることもなかった兄弟姉妹のもとにまで届きうるのです。その意味では、よいサマリア人にとってさえ、独りではどうしようもなかったことを解決できるようにしてくれた、宿屋の存在が必要だったのです。隣人愛は現実のものであり、最底辺に置かれた人々に益するよう歴史を変えるために必要なことは何も無駄にしません。さもなければ、個人主義的傾向や、少数にしか波及しない非効率な方法と結ばれた、左派的イデオロギーや社会主義的思考を抱くようにもなります。その間、大勢の見捨てられた人たちは、見込みでしかない一部の人の善意に頼るしかないのです。このことは、兄弟愛の霊性の促進だけでなく、貧しい国で苦しみ死んでいく見捨てられた人々が抱える、差し迫った問題の解決を支援する効果的な国際組織を同時に進展させる必要を示しています。翻ってこれは、可能な解決法はただ一つではないこと、受容可能な方法論、皆に公平に適用される経済対策は一つではないことを意味し、綿密な科学研究もまた、さまざまな方策を提示しうるということでもあるのです。

166　つまるところ、すべては、人の心、習慣、生活様式を変える必要性に気づくことができるかどうかにかかっているのです。それができなければ、政治的プロパガンダ、マスコミ、オピニオンリーダーが、すでに過剰な権力を有する人たちを利する、抑えの利かない経済利害や社会機構を前に、個人主義的で能天気な文化を助長し続けることになるのです。そのため、技術主義《テクノクラティック》パラダイムに対するわたしの批判においては、その行き過ぎを抑制させれば安心だとは述べてはいません。最大の危険は、物体、物質的現実、機構にではなく、人々のそれらの用い方にあるからです。問題は、人間の弱さであり、キリスト教の伝統が「欲」と呼ぶものに含まれる、人間の変わらない利己的な傾向です。己の内に、内輪に、さもしい自分の利益の内に閉じこもろうとする、人間の傾向です。この欲は、この時代ゆえの欠点ではありません。人類の始まりから存在するもので、時代ごとにかたちを変え、異なる様相を呈するだけで、結局は、歴史のその時期に利用可能な手だてを使っているにすぎないのです。ですが、神の助けがあれば、それを抑えることは可能です。

167　教育活動、連帯の習慣づけ、人間の生をより十全に捉える力、精神的成熟は、人間関係を良質にするために必要です。社会自体が、その格差とゆがみ、経済力、技術力、政治力、はたまたメディア権力の濫用に対して反発できるものとなるためです。この人間の弱さという要因を無視して、それさえあれば未来が保証され、あらゆる問題の解決が約束される特定の秩序に相応する世界を夢想する、自由主義の立場が存在するのです。

168　市場だけですべてが解決できるわけではないのに、再び彼らは、この新自由主義信仰の教条を信じさせようとしているのではないでしょうか。浮上するどんな難題に対しても、つねに同じ対処を提案する、貧弱な、二番煎《せん》じの考えです。新自由主義は、社会問題を解決する唯一の手段として、魔法の理論である「スピルオーバー効果」や「トリクルダウン」――直接それに言及しないまでも――に頼り、それ自体を再現しているにすぎません。想定されたスピルオーバー効果が、社会構造を脅かす新たな形態の暴力の因子である格差を解決していないことには気づいていません。そこには、雇用の削減ではなく創出のために、「生産活動上の多様性とビジネス上の創造性を好む経済の促進」(140)を目指す、積極的な経済政策が緊急に必要です。あぶく銭を得るのがおもな目的の金融投機が、大惨事を引き起こし続けています。そのうえ「市場は、その中に連帯と相互信頼がなければ、適切な経済機能を十全に果たすことはできません。今日、まさにその信頼が失われています[141]」。過去の結末は意図したとおりにはならず、主流の経済理論の対処法は確実ではないことが示されたのです。パンデミックに直面した世界のシステムの脆弱《ぜいじゃく》性は、市場の自由によって万事が解決するわけではないこと、そして、金融を至上命令としない健全な政治の復権に加え、「人間の尊厳を中心に戻し、わたしたちが必要とする別の選択肢となる社会構造を、尊厳という柱の上に構築しなければならない[142]」ことを証明しました。

169 閉鎖的で一色に染まっている経済の視点では、たとえば、失業者、非正規労働者、非公式経済《インフォーマルセクター》従事者を、その他、現行の流れに入れずにいる大勢の人を結集させる市民活動などありえないでしょう。実のところ、そうした活動が、さまざまな形態の民衆による経済《ポピュラーエコノミー》や共同体での生産を生み出しています。社会、政治経済への参画について考えるうえで必要なのは、「草の根市民運動を取り入れ、排除された人々を運命共同体の枠組みに参入させるところからたぎる倫理的な熱のほとばしりをもって、地方、国、そして国際的な統括体制を突き動かすことです」。そしてまた、「下から、草の根から広がって結集する、こうした運動、こうした連帯経験が、より連携してまとまっていく[143]」よう促すのも大切です。ただし、そこにある個性的なスタイルを損ねないよう努めなければなりません。そうしたものが、「変革の種蒔き人であり、大小さまざまな無数の行動を、まるで詩を紡ぐように、創造的に結び合わせるプロセスの主導者[144]」であるからです。その意味で彼らは「社会の詩人」――自らの流儀で活動し、提案し、推進し、解放をもたらす者なのです。彼らによって、「困窮者に向けて構想されながらも、まったく困窮者側のものではなく、困窮者からのものでもない、ましてや人々を再び一つにする計画に含まれてもいない社会政策[145]」を超える、全人的発展が可能となるでしょう。彼らが厄介な存在であっても、いわゆる「専門家」には彼らをどう評価すればよいのかが分からなくても、わたしたちは、彼らなしでは「尊厳のために日々闘い未来を築く民衆を蚊帳《かや》の外に置くのですから、民主主義は後退して唯名論と化し、形式的手続きとなり、代表するという性格が失われ、抜け殻になってしまう[146]」と認める勇気をもたなければならないのです。

国際機構

170　いま一度申し上げたいと思います。「二〇〇七年から二〇〇八年にかけての金融危機は、倫理原則にもっと注意を払う新たな経済を、そして投機的な金融慣行や仮想的な富を規制する新たな手法を、発展させる機会を提供してくれました。しかし、そうした危機への反応には、世界を支配し続ける時代後れの基準の再考は含まれてはいませんでした」(147)。むしろ、その後に世界で展開した実際の戦略は、利己主義を助長し、分裂を加速させ、真の権力者が無傷で逃げ出すために、ますます放埓《ほうらつ》になっていったように思います。

171　繰り返しはっきり申し上げます。「正義の古典的定義によれば、各人が自分が与えうるものを与えるということは、他の個人や社会集団の尊厳や権利を踏みにじることを是とされた絶対的権力をもつとみなされる個人や人間集団など、決してありえないのだということを意味します。さまざまな対象において(政治、経済、防衛、技術などの)実権を分散させ、権限と利害を規制する法制度の制定は、権力の制限を実現します。しかし現代のわたしたちに世界が示しているのは、多くの間違った権利と、傷を受けやすい立場にある人、――いうなれば悪用された権力の犠牲者の絵です」(148)。

172　二十一世紀は、「国民国家の勢いの衰退を目撃しており、それはおもに、経済と金融の分野が多国籍化することで、政治の分野よりも優先されがちだからです。こうした状況下では、国際機関を、各国政府間の合意によって公正に任命され、制裁を課す権限を付与された職員を有する、より強力で能率よく組織化されたものにする工夫が欠かせません」[149]。法によって規制された何がしかの世界規模の権限の可能性を語る際[150]、必ずしも各員の権限について考える必要はありません。ただし最低限、世界規模の共通善、飢餓と貧困の根絶、基本的人権の確実な擁護、これらを保障するための権限を付与された実行力のある世界機構の設立は見据えるべきです。

173　この点で思い出していただきたいのは、「国際連合の改革、そして同様に経済の諸制度と国際金融の改革の必要性（です）。諸国民からなる家族という概念が実際の効力を発揮するためにこれらは必要です[151]」。当然ここに想定されているのは、権力が少数の国の互選で生まれるのを避け、と同時に、文化的な押しつけや、イデオロギーの対立を理由にした弱小国の基本的自由の制限を防ぐための、厳格な法規制です。なぜならば「国際共同体は、国家の独立が否定もしくは制限される従属関係のない、加盟国の主権に基づく法的な共同体[152]」だからです。しかし、「国際連合憲章の前文と第一章にある基本理念に基づく国連の仕事は、正義が普遍的兄弟愛の理念に不可欠な条件だと認めたうえでの、法支配の発展と促進だともいえます。……真に根本的な法的規範である国連憲章が提示したとおり、法による議論の余地のない支配を確保し、折衝、仲介、仲裁をつねに方策とする必要があります[153]」。その問題点や欠点に共同で対処し解決するためにも、国際連合の正当性が否定されないようにしなければなりません。

174　勇気と寛大さは、特定の共通目標を自由に確立するために、そして何らかの基本的法規の世界全体での遵守を確保するために必要です。これが真に有効になるには、「合意は拘束する（pacta sunt servanda）[154]」を保持し、「法の力の代わりに力の法に訴えようとする誘惑[155]」を避けなければなりません。そのためには、「対立の争点を平和的に解決するための規範的手段の再構築、その範囲の拡張、ならびにその効力の強化が必要です[156]」。そうした規範的手段の中でも、多国間協定を優先すべきです。多国間協定は二国間協定以上に、真に普遍的な共通善のための配慮と、脆弱な国々の保護とを保証するからです。

175　ありがたいことに、市民社会の多くの団体や組織が、複雑な状況における国際調整の不足、基本的人権や特定の集団の深刻な事態に対する無関心といった、国際社会の弱点を補い協力しています。このようにして補完性の原理は、国家の活動を補う下位の共同体や組織の参与と活動を保証する、具体的表現を獲得するのです。彼らは大抵、共通善を思ってみごとな力を発揮し、真に英雄的な行為をなし遂げる人も存在し、わたしたち人類が今なおこれほどの美をかなえられることを示してくれます。

社会に向かう愛と、政治において実践する愛

176　多くの人にとって、今日、政治は不快なことばであり、この事実の背景には、一部の政治家による度重なる、過ち、汚職、無為無策があることは無視できません。これに加え、政治を弱体化させ、代わりに経済の台頭を図る、あるいは何らかのイデオロギーによる政治の支配を企てる戦略もあります。ですが、政治なしに世界は機能するでしょうか。よい政治なくして、普遍的兄弟愛と社会平和に至る有効な道は見いだせるでしょうか[157]。

必要とされる政治

177　いま一度、申し上げます「政治は経済に服従してはならず、経済は効率主義の技術主義《テクノクラティック》パラダイムに身をゆだねてはなりません[158]」。権力の濫用、汚職、法の軽視、無為無策は拒否しなければなりませんが、「政治不在の経済は、現今の危機のさまざまな側面に対処する他の方途を抑え込むおそれがあるので、正当化できるものではありません[159]」。それどころか「必要とされるのは、将来を見据え、危機のさまざまな側面に対処するために、一つの新しい全人的で学際的なアプローチができる政治です[160]」。わたしが考えるのは、「制度を改革・調節し、最良の実践を推進し、不当な圧力や官僚的なもたれあいを克服できる健全な政治[161]」です。これを経済に求められるはずはなく、また、経済が国家の実権を握ることを認めてよいはずもありません。

178　狭量で目先のことばかりを求める政治の数々を目にしていますが、忘れないでください。「困難に際して、わたしたちが気高い原則を掲げ、長期的な共通善を思い描くとき、真の政治的手腕が明らかになります。政治権力者たちは、国造りの仕事におけるこうした義務を引き受けることをとてもつらいことだと思うのです[162]」。しかもそれは、現在と未来の人類のための共通のプロジェクトにおいてはなおさらのことです。後の人たちについて考えることは選挙運動には役立ちませんが、真の正義が命じるものです。ポルトガルの司教たちが教えてくれたように、地球は「あらゆる世代に貸しつけられているのであって、いずれ次世代へと手渡さねばならない[163]」のです。

179　グローバル社会には、たまの継ぎ当てや応急処置だけでは解決できない、深刻な構造的欠陥があります。抜本的な練り直しと大幅な変更をもって変えなければならないことがらがあります。健全な政治だけが、最大限に幅広い分野と実にさまざまな知を結集して、それを率いることができるのです。このようにして、共通善を追求する政治、社会、文化、草の根のプロジェクトと一体化した経済は、「人間の創造性や進歩の理想を抑え込むことなく、むしろそうした力を新たな道筋に沿って方向づける多様な可能性へと開かれる[164]」ことが可能となるのです。

政治において実践する愛

180　一人ひとりの人間を兄弟や姉妹と認識し、すべての人を包み込む社会的友愛を求めることは、ただのユートピアではありません。その実現を確かなものとする有効な方法を見つけるための、決意と能力が必要です。この点における努力はすべて、立派な愛徳のわざとなります。困っている人を一個人で助けることはできますが、すべての人のための兄弟愛と正義の社会的行程を生み出そうと他の人々に加わるとき、その人は「より広範な愛、政治において実践する愛の領域[165]」に入るからです。それは、社会に向かう愛を魂とする、社会的・政治的秩序へと歩むことです[166]。再度わたしは、「共通善を求めるための、崇高な使命、貴重な愛のわざ[167]」である政治の立て直しを訴えたいのです。

181　教会の社会教説から導かれる責務はすべて「愛から生まれます。イエスの教えによれば、愛は律法全体を統合するものです（マタイ22・36―40参照）[168]」。これは、「相互配慮のささやかな言動を通してあふれ出る愛はまた、市民性にも政治性にも見られるものでもあり、よりよい世界を造ろうとする一つ一つの行為において感じられ[169]」ることを認めるものです。ですから、愛は親しく身近な関係の中だけでなく、「広範な関係（社会、経済、政治）の原理[170]」においても表されるのです。

182　政治において実践するこの愛は、あらゆる個人主義的メンタリティを超えた社会的感覚の成熟を必要とします。「社会に向かう愛は共通善を愛することへとつながります。愛によって、わたしたちはすべての人の善を一個人としてだけでなく、すべての人を結びつけている社会的側面においても、具体的な形で求めるように仕向けられているのです[171]」。人は皆、民に属することで十全に一人の人間となるのであり、他方、一人ひとりの顔に敬意を払わなければ真の民ではないのです。民と人は、相関関係にある語です。ところが今日、その民を個人――不当な利益をねらう権力者に簡単に飼い慣らされてしまうもの――に解体しようとする思惑があります。グローバリゼーション崩壊の影響を回避すべく、その均衡を取り戻し、方向転換させるために、よい政治は社会生活のさまざまなレベルで共同体を構築する方法を追求します。

実現する愛

183　「人類愛[172]」から出発して、わたしたち皆がそこに招かれていると感じることのできる、愛の文明へと進むことは可能です。愛は、その普遍のダイナミズムで、新たな世界を築くことができます[173]。愛は不毛の感情ではなく、すべての人にとっての発展を実現する道に至る最高の方法だからです。人類愛は、「今日の世界が抱える問題に対する新たな取り組み方を与えられる力として、また、構造、社会組織、法体系を内側から大いに新しくさせる力[174]」なのです。

184　愛は、健全で開かれた社会生活全体の中心にあるものです。それにもかかわらず、今日では、「道徳的責任の解釈と方向づけに愛は無関係であると、安易に退けられています[175]」。真実への責務と結ばれていれば、愛は主観的な感傷以上のものであり、「変わりやすい主観的感情や考えのとりこ[176]」にはなりません。まさしく、愛の真理との関係は、愛の普遍主義を確かなものとし、「関係性に欠けた狭い領域に閉じ込められてしま[177]」うことを回避させます。

そうでなければ愛は、「知識と実践の連携によって促進される人間の普遍的発展の計画と過程から排除[178]」されてしまうでしょう。真理を欠いていれば、情緒からは、関係性や社会性が失われてしまいます。ですから真理に開かれることは、愛を「人間的で普遍的なゆとりを奪う[179]」偽りの信仰から守るのです。

185　愛には、真理の光が必要です。真理はわたしたちがたえず求めているものであり、「理性の光であるとともに信仰の光でもあり[180]」、相対主義とは無縁のものです。また、期待する結果を得るべく、具体的でより確実な手段を見いだすための、科学の発展とそのかけがえのない貢献も意味します。なぜなら、他者の善が危険な状態にあるときは、善意だけでは不十分で、本人や本人の国が力を発揮するために必要なことを、実際に得られるようにしなければならないからです。

政治的において実践する愛の働き

186　いわゆる「引き起こされた」愛というものがあります。それは、愛の力に直接動かされ、個人や民へと向けられる行為です。これに加えて、「命じられた」愛というものがあります。それは、より健全な制度、より公正な規制、より連帯のある機構の創出に駆り立てるような、愛の行為です[181]。ですから、「隣人が貧困に陥ることがないように社会を組織し、構築しようと努力することは、……絶対に必要な愛の行為[182]」です。苦しむ人に寄り添うことは愛のわざであり、その人と直接かかわらなくても、その苦しみの原因となる社会の状況を変えるための行いは、すべて愛のわざです。お年寄りが川を渡るのを助ける――それはすばらしい愛のわざで、政治家が橋を架ける――これもまた愛のわざなのです。食事を差し出すことで他者を助ける人がいれば、政治家はその働き口を創出します。それは崇高な愛のわざであって、その政治活動を高貴なものとするのです。

愛の献身

187　政治の精神の核であるこの愛はつねに、いちばんの弱者に対する優先的な愛であり、彼らのためのすべての活動の背後にあるものです[183]。愛によって向かう先が変えられるまなざしだけが、他者の尊厳というものを理解させてくれます。貧しい人々はその深淵な尊厳をもって認識され真価が認められ、独自の様式と文化ごと尊重されて、そうして、真に社会に溶け込めるようになるのです。このまなざしこそ、真の政治の精神の核なのです。そこから開かれる道は、魂のない実用主義《プラグマティズム》とは別物です。たとえば、「貧困という恥ずべきことに取り組むにあたっては、貧しい人々にただ気休めを与え、彼らを飼い慣らし、無害な存在にさせる、口封じ戦略をとってはなりません。利他的とおぼしき行為の裏で、受け身の存在にさせられている人を見るのは、なんと悲しいことでしょう(184)」。必要なのは、さまざまな表現手段と社会参画です。教育は、人間一人ひとりが自分の将来の設計者となるためにあるのです。そこにおいては、連帯の原理と切り離せない補完性の原理が価値を示します。

188　このことから、基本的人権を侵害するすべてのことを緊急に解決する必要が生じます。政治家に求められているのは、「脆弱《ぜいじゃく》さの、民の脆弱さと個々人の脆弱さの面倒を見ることです。脆弱さの世話をすることは、無残に「切り捨ての文化」を引き起こす機能主義的で民営化志向の社会の中での、強さと優しさ、努力と寛大さを意味します。……追い詰められ、苦悩に満ちた状況にある人を引き受けること、その人の尊厳に敬意を払うということです(185)」。こうして、内容のある活動が確かに作り出されるのです。「人間としての条件と尊厳を守るためには、何でもしなければならない」[186]からです。政治家は働く人であり、大きな目標をもち、自国に限定されない、幅広く現実的で実利的な視点をもつ建設者です。政治家の最大の不安が世論調査での支持率低下であってはならず、「社会的経済的排除という現象」が効果的に解決していないことに不安を覚えなければならないのです。「残念な結果を伴う排除は、人身売買、臓器売買、幼児の性的搾取、売春を含む奴隷労働、麻薬取引、武器取引、テロ、世界的ネットワークをもつ犯罪などです。それは深刻な事態で、多くの無辜《むこ》な人の犠牲であり、良心の呵責《かしゃく》を和らげる名ばかりの唯名論者に陥る誘惑はことごとく避けなければなりません。わたしたちの機関は、こうした惨禍すべてを撲滅するために、実際に有効であるよう注意しなければならないのです」[187]。こうしたことは、技術開発がもたらした膨大な手段を巧みに利用することによって起きたことです。

189　もっとも基本的なものである人権、そのグローバル化は、いまだ程遠くあります。だからこそ世界の政治は、飢餓問題の解決を主要かつ緊急の目標にしないわけにはいきません。なぜならば、「金融投機が、食料を他の商取引と同様に扱うことでその価格に影響が出ると、何百万人もの人が飢えに苦しみ、いのちを落とすのです。その一方で、大量の食品が捨てられています。これこそ正真正銘のスキャンダルです。飢餓は犯罪であり、食料は不可侵の権利なのです[188]」。わたしたちは往々にして語義やイデオロギーを巡る議論に没頭していますが、その間に、飢えや渇きで死んでしまう兄弟姉妹、雨風をしのぐ場もなければ医療も受けられずにいる兄弟姉妹が、今日いまだにいることを容認しているのです。こうした基本的必要が満たされないことともに、人身売買も人類にとってのもう一つの恥です。国際政治は、演説や善意にとどまらずに、これを容認し続けてはなりません。すぐさま、必ず解決すべきことです。

余すことなく呼び集める愛

190　政治において実践する愛はまた、すべての人に開かれた姿勢によって表されます。とりわけ政権を担う人は、意見交換を可能にするための自制が求められ、少なくともいくつかの問題の収束を目指します。ほかの人の見解に耳を傾け、すべての人が居場所をもてるようにします。犠牲と忍耐によって、統治者は、どんな人にも居場所がある、あのすばらしい多面性を築く手助けができます。これは、経済的交渉などでどうにかなるものではありません。

それ以上のこと、共通善のために互いに差し出し合うのです。おめでたい夢物語に聞こえるかもしれませんが、この崇高な目標は放棄できません。

191　あらゆる形態の原理主義的不寛容が、個人、集団、民族の間の関係を傷つけているのを目にしながらも、わたしたちは、尊重することの大切さ、いかなる違いも受け入れる愛、その人の考えや思いや習慣がどんなものであっても、またどんな罪があろうとも、すべての人の尊厳を第一とすること――それらを生き、教えるのです。狂信、閉鎖的思考、社会的・文化的分断が現代社会に拡大する中、優れた政治家は、さまざまな意見が響くようにする最初の一歩を踏み出すのです。違いが対立を生むのは事実ですが、画一性は息苦しさを生じさせ、わたしたちを文化的に衰退させてしまいます。現実の断片に閉じこもって生きるべきではありません。

192　これに関連し、グランド・イマーム、アフマド・アル・タイーブ師とともに求めたことを、思い出したいと思います。「国際政治と世界経済を担う者たちに、寛容、共生、平和の文化を広めるための真摯な取り組み、無辜《むこ》の血が流されるのを止めるいち早い介入……を求めます」(189)。そして特定の政策が、自国の利益の名のもとに、他国に対する憎悪や恐怖の種を蒔《ま》くならば、危惧し、速やかに対応し、直ちに方針転換しなければなりません。

成功よりも豊かな土壌を

193　こうしたたゆまぬ活動を続けながらも、政治家はそれぞれ一人の人間でもあります。おのおの、日常の人とのつきあいを通して愛を生きるよう呼ばれています。一人の人間なのですから、次のことに気づく必要があります。「現代の世界は、さまざまなサービスに分類され、振り分けられた人間の欲求の充足を、その高度な技術によっていっそう合理化しようとしています。人は、自分の名で呼ばれることがますます減り、固有の心、苦しみ、悩み、喜びがあり、固有の家族がいる、この世で唯一無二の存在である人として扱われることが、ますます少なくなるでしょう。治療するからその人の病を、現金を支給するからその人の経済的困窮を、シェルターを提供するからその人に家がないことを、レジャーや娯楽を企画するからその人の欲求を知る、ただそれだけになってしまうでしょう」。ですが、「無価値だと思われているような人を、兄弟のように、まるで世界にはその人しか存在していないかのように愛することは、時間を無駄にすることではないのです(190)」。

194　優しさをもって愛する機会は、政治にもあります。「優しさとは何でしょうか。そばに行き、具体的に示される、愛のことです。心から始まって、目に、耳に、手に届けられる動きです。……優しさは、もっとも勇敢で強い人々がたどった道なのです(191)」。政治活動の最中、「もっとも小さい人、もっとも弱い人、もっとも貧しい人は、わたしたちの心に訴えるはずです。彼らには、わたしたちの心と魂をつかむ「権利」があります。そうです。彼らはわたしたちの兄弟姉妹なのですから、わたしたちは彼らをそのように愛し、彼らに心を配らなければなりません(192)」。

195　そうして、いつも大成功を収めることが重要なのではない、それが難しいこともある、そう気づかされます。政治活動において忘れてはならないことがあります。「いかなる外観をも超えて、一人ひとりが限りなく尊い存在であり、わたしたちの愛と献身とを受けるべき存在なのです。したがって、たった一人の人に対してしかよりよく生きる助けになれなかったとしても、それだけで十分に、自分の生涯をかけた献身は義とされるのです。神に忠実な民であること、それはすばらしいことです。壁を打ち壊して、自分の心を人の顔と名前とでいっぱいにすれば、わたしたちは満たされた者となるのです[193]」。計画を通して夢見た大きな目標は、部分的にしか達成されません。それでも、愛を生き、政治を単なる権力の追求とする考えを捨てた人にとっては、「愛をもってなされた働きは決して無にはなりませんし、他者のための真の心配り、神に対する愛の行為、惜しみない努力、痛みを伴う忍耐、どれもが決して無にはなりません。それは確かなことです。それらはどれも、生命力として世の中を循環するのです[194]」。

196　さらにいえば、蒔かれた善の秘められた力に希望を置き、成果は他の人に収穫されるプロセスに着手できるのは、真の高潔さです。よい政治は希望を、民の心にある善の蓄えに何があろうとも置く信頼を、愛に結ぶのです。そのため、「法および人と人との誠実な対話に基礎を置く真正な政治活動は、すべての人、あらゆる世代が、関係、知性、文化、精神の新たな力を発揮できる可能性を内に秘めていると確信するとき、刷新されます[195]」。

197　このように見ると政治は、そのポーズや、政治マーケティングや、種々の偏向報道で示される姿よりも、ずっと崇高なものなのです。そのように示される姿はどれも、分裂、敵意、そして共通の計画に信を置けない痛ましい懐疑主義の種を蒔くだけです。将来について考える際には、「何のためだろうか。わたしの本当の目的は何なのか」と問うことがなければなりません。数年後、自分の過去を振り返ったときの問いが、「どれほどの人がわたしを認めてくれただろうか。どれほどの人がわたしに投票しただろうか。わたしに好意的な人はどれだけいるだろうか」となってしまわないようにです。つらくとも、問いはこうであってほしいのです。「わたしはどれだけの愛を仕事に注いだだろうか。民が前に進めるよう何をしただろうか。社会の生活にどのような足跡を残せただろうか。どのような真のきずなを築けただろうか。どんな前向きな力を発揮できただろうか。社会的な平和の種をどれだけ蒔けただろうか。ゆだねられた役職を通して何を生み出せただろうか」。

第六章　対話と社会的友愛

198　近づくこと、伝えること、耳を傾けること、目を向けること、互いを知ること、互いに理解しようとすること、接点を探すこと――、このどれもが、動詞「対話する」に集約されます。会って、助け合うには、対話が必要です。対話が何になるのか、説明は不要です。家族や共同体を一つにしてきた、多くの寛大な人の粘り強い対話がなければ、世界がどうなっていたかを考えてみれば十分です。粘り強く勇気ある対話は、対立や紛争のようにニュースにはなりませんが、わたしたちが考えている以上に、世界にとって、よりよく生きることに、目立たないながらも役に立っているのです。

新しい文化に向けた社会での対話

199　私的な世界に逃げ込み現実を避けようとする者がいれば、破壊的な暴力をもって現実に対峙する者もいます。ですが、「利己的な無関心と暴力的な抗議の間には、いつも可能な選択肢があります。対話です。世代間の対話、民の間の対話——わたしたちは皆民ですから——、真実に開かれたまま与えて受け取る能力のことです。国は、そこにある文化的に多様な豊かさが建設的に対話しているときに繁栄するのです。民衆文化、大学文化、若者文化、芸術文化、技術文化、経済文化、家庭の文化やメディアの文化などです(196)」。

200　対話は、まったく異なるものと混同されがちです。ＳＮＳ上での熱に浮かされた意見のやり取りのことで、それは信頼性が高いとはいえないメディアの情報に誘導されていることが多いのです。単なる独り言であって、いつまでも交わることなく、険のある攻撃的な口調で他者の注意を無理矢理引きつけようとしているのでしょう。ところが、独り言であるがゆえに、だれに対しても責任を負っていないので、その内容はご都合主義で矛盾が多いのです。

201　事実や発言のメディアによるセンセーショナルな拡散は、実際には、対話の可能性をほとんど閉ざしてしまいます。各人が、自分の考え、関心事、意見を、頑固に少しも譲らず、ほかの人は間違っていると主張するからです。反対者の信用をすぐ失墜させようとする傾向が強くなり、違いを乗り越え総合を目指す開かれた敬意ある対話に向かうよりも、屈辱的な形容詞を相手にあてがうのです。もっともよくないのは、政治運動のマスコミ報道では当たり前になっているこうした物言いが、だれもが日常的に使うまでになっていることです。議論は、腹黒くも自分たちに都合よく世論を誘導しようとする、より強大な権力をもつ特定の利害関係者によって、しばしば操作されています。時の政府のことだけをいっているのではありません。操作しようとするこうした力は、経済、政治、メディア、宗教のほか、どの分野によるものもありえるのです。その動きが自分たちの経済的利害やイデオロギー的利益に合致すると、正当化されたり許容されたりします。しかし遅かれ早かれ、それはまさにその利益に反するものとなるのです。

202　対話がないということは、それぞれの分野で、だれも共通善に関心をもたず、むしろ、権力がもたらす利益を得ることに、あるいはせいぜい自分たちの考え方を押しつけることだけに気が向いているということです。こうなると会話は、おのおのが、全支配権と可能なかぎりの多くの利益を手に入れようとする単なる交渉となり、共通善を生み出す共同での追求がなくなるのです。未来を担う英雄とは、この病んだ論理を打ち破り、個人的な都合ではなく、敬意をもって真実に満ちたことばを語ろうとする人のことなのでしょう。そうした英雄がこの社会の中心でひそかに生まれ出ることを、神は望んでおられます。

ともに築く

203 社会での真の対話には、相手の物の見方を尊重し、そこに正当な信念や関心事が含まれている可能性を受け入れる能力が必要です。その独自性からして、他者には寄与しうる何かしらがあるのですから、公の議論がしっかりと尽くされるよう、相手が自らの立場を明確にし、表明するのは望ましいことです。確かに、個人あるいは集団が、首尾一貫した考えをもち、価値観や信念を揺るがさず、ある考え方を展開していければ、何らかのかたちで社会のためになるでしょう。しかし真にそうなるのは、対話の中や、他者へと開かれている中で、それが展開するときだけです。なぜならば、「真の対話の精神があれば、相手のいっていること、していることを、自分の信念とすることはできないにしても、その意味を理解する力が培われます。そうすることで、誠実になり、自分の信じていることをごまかさずに、語らうこと、接点を探すこと、そして何よりも、……ともに働き闘うことを続けられるようになる」[197]からです。公の議論は、それがすべての人に確かに開かれ、そこに情報の操作も隠蔽もないならば、真実により適切に至れる、少なくともよりよく真実を表明できることへの、不断の刺激となります。公の議論は、さまざまな分野が、自分たちの物の見方や限られた関心事の中で、呑気に自己充足に安住することを防ぎます。「違いは創造的であり、緊張をもたらし、その緊張の解消の先に、人類の進歩がある」[198]と考えたいものです。

204　今日では、専門化する科学の発展とともに、学際的コミュニケーションが必要とされているとの確信があります。事実は一つであっても、さまざまな視点から、異なる方法論によって、それに取り組むことはできるからです。科学の進歩だけが、生活、社会、そして世界のある面を理解する、唯一可能なアプローチだとみなす危険を見過ごしてはなりません。そうではなく、自らの研究において多くの結果を上げつつ、他の学問や知の成果を借りて、研究対象としている事実の他の側面を認めることのできる研究者は、より包括的かつ総合的な事実の理解へと開かれるのです。

205　このグローバル化した世界で、「メディアはわたしたちが互いにより親しみを感じられるよう助け、人類家族の一体感を生み出すものです。その一体感があれば、連帯と、すべての人の生がもっと尊厳をもって扱われるようにするための、真剣な努力を引き出すことができるのです。……メディアはこのためにわたしたちの助けとなります。人のコミュニケーションのネットワークがかつてなく発展してきた今日、とくにそうです。殊にインターネットは、すべての人の間での出会いと連帯の可能性を限りなく提供してくれます。これはまことに善なるもの、神からのたまものです[199]」。ただし、現在のコミュニケーションの形態が、寛大な出会い、全き真実の真摯な追求、奉仕、いちばんの弱者に寄り添うこと、共通善を構築する責務に、実際にわたしたちを導いてくれているかどうかを、つねに検証しなければなりません。また、オーストラリアの司教団が教えたように、「わたしたちの弱点に付け込み、人々のもっとも悪いところを引き出すよう仕向ける、デジタル世界を受け入れることはできません[200]」。

合意形成という基盤

206　相対主義は解決策ではありません。見せかけの寛容を隠れ蓑《みの》に、道徳的価値観がそのときの都合次第で権力者によって解釈されることを容易にしてしまうのです。要は、「自分自身の欲望やその時その場の必要を満たすこと以外に客観的な真理や信頼に値する原理がない中で、……政治的な取り組みや法的な強制力では不十分だ、とわたしたちは考えるべきです。文化が堕落し、客観的な真理や普遍的に有効な諸原理がもはや保てなくなると、法は恣意的な強制手段あるいは回避すべき障害物としかみなされなくなるからです(201)」。

207　真実に注意を向けること、わたしたちのもっとも深い現実にこたえる真実を探究することとは可能でしょうか。どの人間も神聖で侵すことのできない存在である――長い熟考と知恵の歩みを経て至ったこの確信に欠けた法とは、何なのでしょうか。社会に未来があるには、人間の尊厳というわたしたちが従うべき真理への敬意が、社会に浸透していなければなりません。殺人を犯さないのは、社会からの追放や重い処罰を避けるためだけでなく、信念によるものでもあるのです。それは、わたしたちが理性によって認識し、良心において受け入れている、譲ることのできない真理です。社会は、そこに真実の探究の実践があり、第一の基盤である真理への愛着がある、そうしたことからも高潔で尊いものなのです。

208 公の場でも私的な場でも、真実を操作、歪曲、隠蔽する、さまざまなやり口を暴くことを覚えなければなりません。わたしたちが「真実」と呼ぶものは、報道による出来事の報告のことだけではありません。何よりもそれは、わたしたちの選択と法の根底にある、より強固な基盤の追求なのです。そのためには、人間の知はその瞬間の妥当性を超えうるものであり、今も昔もこれからも変わることのない真なるものをつかみうるのだと、認めなければなりません。人間の本性の究明により、理性は、そこから生じる普遍的な価値観を見つけるのです。

209 さもなければ、今日、揺るぎないものと考えられている基本的人権も、朦朧《もうろう》としておびえている住民の「合意形成」があれば、時の権力者によって否定されてしまうことがありうるのではないでしょうか。また、諸民族間の合意形成ですら、同じく操作されうるものであり、十分ではないのでしょう。わたしたちがあらゆる善をなしうるという証拠は山ほどありますが、同時にまた、自分たちの内に破壊の力があることも自覚しなければなりません。わたしたちが陥ってしまった無関心かつ冷酷な個人主義は、差し当たり必要なものよりも高次の価値を求めることを怠った結果でもある——、そうではありませんか。相対主義には、権力者や巧妙な人が、真実とおぼしきものを巧みに押しつける危険もあります。しかし、「本質的な悪を禁止する道徳的規範の問題であるなら、どのような人にとっても特権や例外はありません。人間が世界のあるじであったとしても、またこの地上で「貧しい者のうちのもっとも貧しい者」であったとしても、まったく違いはありません。道徳性の要求の前では、わたしたちは皆、絶対的に平等なのです(202)」。

210　今日わたしたちに起きていること、よこしまで空虚な論理にわたしたちを引きずり込むもの、それは、倫理と政治の物理学との混同です。それ自体でよいものも悪いものもなくなり、あるのは有利か不利かの計算だけです。道徳的判断が変更された結果、法は正義の基本概念について言及できずに、支配的な考えの映しとなります。ここで衰退が、つまり、表面的で妥協的な合意による「水準低下」が始まっているのです。そうして最後は、力の論理が勝利を収めるのです。

合意と真実

211　多元的な社会にあって、対話は、つねに肯定され尊重されるべき、かつ一時的な合意を超えたものを見極める最善の方法です。わたしたちが話しているのは、動機、理性的議論、多様な展望、さまざまな知識や見地の寄与、これらによって豊かにされ照らされるべき対話についてであり、つねに支持されなければならない基礎となる何らかの真理に到達できるとの信念を否定しない対話についてです。いつまでも色あせない何らかの価値あるものがある、それを認めること――それら価値あるものの識別は必ずしも簡単ではありませんが――で、社会倫理に堅固さと安定が付与されるのです。それら基本的価値が対話や合意形成によって識別され受け入れられるものだとしても、わたしたちはそれらが、いかなる合意をも超越したものであることを知っており、自分たちのコンテキストを超えた妥協の余地のない価値だと理解しています。それらの意味や影響力についての理解は深まっていくはずですが――その意味で合意形成はダイナミックなものです――、それらは内在的に有する意味ゆえに、それ自体で揺るがぬ価値を認められるのです。

212　社会が適切に機能するうえで、あるものがつねに役立っているのならば、そのあるものの背後に、知的に理解できる不変の真理があるからではないでしょうか。人間や社会という現実そのものに、その内なる本質に、それらの発展と存続を支える基本的な構造の数々が存在しています。そこから、特定の要求――対話によって見いだされるもの、しかし厳密には合意形成にはよらないもの――が生じます。規範というものは社会生活そのものに不可欠であるとの事実は、その規範自体がよい何かだということの目に見えるしるしです。したがって、社会的便益、合意形成、実在する客観的真実、これらを対立させる必要はありません。この三つは、対話を通して人が問題の核心に迫ろうとするときに、調和的に一つになるのです。

213　いかなる状況でも他者の尊厳を尊重しなければならないのは、そうした尊厳はわたしたちが生み出したり仮定したりしたものではなく、形あるものやもろもろの状況に勝る価値が確かに他者にはあるからであって、そのことが、他者を別様に扱うよう求めるのです。すべての人間が放棄しえない尊厳を備えているということは、どんな文化的変化にも左右されない人間の本性にかなう真理です。ですから、人間は歴史のどの時代においても同じ不可侵の尊厳を有しており、だれも事情次第でこの信条を否定したり、それに反する行動をとる権限を与えられていると考えることはできません。知性は、熟考と経験と対話を通して物事の現実を注意深く観察するはずで、知性を超越する現実の中に、何がしかの普遍的な倫理的要求の基礎を認識するようになるのです。

214　不可知論者にとってこの基盤は、基本的で妥協の余地のない倫理原則に堅固で安定した普遍的妥当性が付与され、新たな大惨事を防ぐには十分なものと見えるでしょう。キリスト者にとっては、倫理原則の原点である人間のこうした本性は、究極的にそれらの原則に堅固な基盤を与える神によって造られたものです[203]。これは、倫理の不変論を確立するものでもなければ、また何らかの倫理体系の強要を生むものでもありません。根本的かつ普遍的に有効な倫理原則は、多様な実践規範を生み出せます。ですから、必ず対話の余地はあるのです。

新しい文化

215「人生は出会いの芸術、多くの行き違いがあるとしても――」[204]。わたしが繰り返し求めてきたのは、対立軸が消えない弁証法を超えた、出会いの文化を育てることです。それは、たくさんの面、実に多くの面を有しながらも、それらすべてがさまざまな色彩を帯びた一致を構成する、あの多面体を形成しようとする生き方です。「全体は部分に勝る」[205]からです。多面体が表すのは、異なるものどうしが補完し合い、豊かにし合い、照らし合いながら――たとえそこに反対意見や警戒心があったとしても――共存する社会です。どんな人からも、何かしら教わることはあるのですから、役に立たない人、いなくてもよい人はだれ一人いません。周縁部の人も例外ではありません。周縁に追いやられた人は異なる視点をもっていて、重大決定がなされる権力の中枢からは気づきえない現実の部分を見ているのです。

文化を形成する出会い

216「文化」ということばは、民の中に、そのもっとも深いところにある信念に、その生き方に、浸透しているものを指しています。民衆における「文化」を語るとき、それは観念や抽象概念以上のものです。これには、その人間集団を特徴づける、願望、熱狂、そして生き方までが含まれています。ですから「出会いの文化」といった場合、それは、わたしたちが民として、出会うこと、接点を探すこと、橋を架けること、すべての人が加わるものを描くことに、夢中になっているという意味なのです。それが願いとなり、生き方となっているのです。この文化の主体は民であり、専門家やメディアの力によって残りの民をおとなしくさせようとしている、一部の社会層ではないのです。

217　社会平和は、骨の折れる手仕事です。多少の狡猾さと資力で、自由と違いとを抑え込むほうが簡単でしょう。しかし、そうした平和は、平和を支える出会いの文化の実りではなく、表面的で脆弱《ぜいじゃく》なものでしょう。異なるものをすべて組み入れることは、はるかに困難で時間がかかることではありますが、それこそが真の堅固な平和を保障するのです。それは、汚れのない人だけを集めて得られるものではありません。「自らの過ちゆえに問題視される人たちでも、欠かすことのできない何らかの貢献をしている[206]」からです。それは、社会的要求を黙殺したり、騒ぎが起こらないようにして生まれる平和ではありません。「机上の合意や、少数の幸福な者のためのはかない平和[207]」ではないからです。重要なのは、出会いのプロセスを、違いを受け入れることのできる民を築くためのプロセスを生み出していくことです。子どもたちには、対話という武器を装備させましょう。出会いという優れた格闘を教えましょう。

他者を認識する喜び

218　それには、他者がその人らしく、ほかと異なる存在でいる権利を認める、習慣的な力を必要とします。文化にまでなったこの認識によって、社会契約が可能なものとなるのです。この認識がないと、相手のいっさいの意味を失わせ、取るに足らないものとし、社会で何の価値も認められないようにする、巧妙なやり方が出現してしまいます。特定の目に見える暴力を拒絶する裏に、もっと陰湿な別の暴力が隠れていることもあります。それは、自分と異なる人を軽んじる者の暴力であり、異なる人たちの要求によって、自分たちの利益に何らかの損害が生じるときには、いっそうひどくなるのです。

219　社会の一部の層が、あたかも貧しい人々など存在しないかのように、世界が差し出すすべてを享受しようとすれば、ある時点でそれは重大な結果を招きます。他者の存在と権利を無視すれば、遅かれ早かれ何らかの暴力を――大抵は思わぬかたちで――招きます。自由、平等、友愛の夢は、実際にすべての人に向けられるものでないならば、単なる礼節程度にとどまってしまうでしょう。したがって、経済的権力、政治的権力、学術的権力をさまざまに握る者の間の出会いを促すだけでは意味がありません。真の社会的な出会いは、住民の大半が共有する大きな形態の文化を、真の対話の場に据えます。立派な提案がしばしば最貧困層に受け入れられないのは、それが、彼らのものでない、彼らがそこに自己同一化できない、そうした文化的様相を呈しているからです。そのため、現実的で包括的な社会契約は「文化契約」――社会に共存するさまざまな世界観や文化あるいは生活様式を尊重し受け入れるもの――でもなければなりません。

220　たとえば先住民族は進歩に抗しているわけではなく、ただ、進歩について異なる考え方をもっていて、多くの場合、先進国の現代文化よりも人間的です。それは、権力をもつ者たちの、地上にある種の永遠の楽園をどうしても作り上げたい者たちの、利益に方向づけられた文化とは違います。先住民文化に対する不寛容と侮蔑は、他者を裁きながら生きる非情な「道徳屋」に特有の、まさしく暴力の一形態です。ですが、多様な文化から、とりわけ貧しい人々の文化から始めなければ、真正で、深い、安定した変革は決して望めません。文化契約は、当該地のアイデンティティを一枚岩だとは了解しないことであり、地位向上と共生社会の方策を提供することで、多様性を受け入れるよう命じているのです。

221　この契約は、共通善のために何かを差し出す場合もあるとの覚悟も求めています。だれも、真理の全貌を手に入れたり、我欲をことごとく満たしたりはできません。そうした願望は、相手の権利を否定することで相手を抹殺したいとの思いをもたらすからです。偽りの寛容の追求は、他者にも自らの主義に忠実であろうとする権利があることを分かったうえで、己の主義に忠実であろうとする人たちの、対話による現実理解に道を譲らなければなりません。それが、愛だけが可能にする真正な他者認識であり、ひいては相手の立場に立ってその人の動機や関心の中にある本当のもの、あるいは少なくとも理解できるものを見つけ出すことにもなるのです。

優しさを取り戻す

222　消費主義的な個人主義は、多くの暴挙を招きます。自身の平穏にとって、他者はただのじゃま者になります。そうなると、わずらわしいものとして他者と接するようになり、攻撃的になっていくのです。これは、危機のときに、大惨事、困難にあると強まり、怒りのレベルにまで達し、そんなときに「自分の身は自分で守れ」の精神が出てくるのです。しかし、優しさの実践を選ぶことはそれでも可能です。そうして、暗闇に輝く星となっている人々がいるのです。

223　聖パウロは、ギリシア語 χρηστότης《クリストーティス》（ガラテヤ5・22）をもって、聖霊の実の一つに言及しています。これは、不愛想でない、冷淡でない、峻厳でない、親切で、穏やかな、支えと慰めを与えてくれる心持ちを表す語です。このような心をもつ人は、他者の人生がもっと楽になるようにと、とくに、せっぱ詰まったつらい悩みを抱え苦しんでいるようなときに助けます。他者への接し方は、優しい物腰、ことばや態度で傷つけないようにという心配り、相手の負担を和らげようとする思いなど、さまざまなかたちで現れます。「辱めたり、悲しませたり、怒らせたり、軽蔑したりすることば」の代わりに、「力を与え、慰め、励まし、勇気づけることばを語る[208]」ということです。

224　優しさは、人間関係に生まれがちな残酷さから、他人のことなど考えられなくなるほどの不安から、相手にも幸せになる権利があることを考えられなくなるほどに注意が散漫した状態から、解放してくれます。今日では、他者に優しく接するために、「いいですか」「ごめんなさい」「ありがとう」と口にする一瞬の時間もエネルギーも、ほとんどなくなってしまいました。それでも時折、無関心がはびこる中、自分の心配事や急ぎの用事は二の次にして、注意を向け、微笑みかけ、励ましのことばをかけ、話を聞くため時間を作る、そんな優しい人が現れる奇跡が起こるのです。そうした努力を毎日続けられたなら、健全な共生が生み出され、無理解に打ち勝ち、対立が防げます。優しさの実践は、取るに足らない瑣末《さまつ》なことでもなければ、上っつらな態度や俗物的態度でもありません。それは真価を認めて尊ぶことでもあるので、社会の中で文化として醸成されると、生き方、人とのかかわり、議論や反対意見の表明のしかたが大きく変わります。合意形成を目指すのを助け、激しい怒りによって橋がことごとく破壊されたところに道を開くのです。

第七章　再び会う道

225　世界の多くの地域には、傷の回復につながる平和の歩みが必要で、才覚と大胆さで、いやしと再び会う道を生み出す決意をもった平和の職人が必要です。

真実からの再出発

226　再び会うとは、対立する前に戻ることではありません。時が経てば、わたしたちは皆、変わってしまいます。苦しみや対立によって変わってしまうのです。中身のない外交、しらばくれること、二枚舌、隠蔽、現実にふたをする慇懃《いんぎん》さは、もう要りません。熾烈な対立を経た者は、嘘偽りのない真実を出発点にして語るのです。過去の責任を引き受けることで、未来を、過去の無念、間違い、影響から解放するために、悔い改めの姿勢で回想することを身に着ける必要があります。事実の歴史的真実に基づいてのみ、相互理解と、万人のための新たな総合への挑戦に向けて、粘り強く継続的に努めていけるのです。事実、「平和の歩みは、時間がかかる骨の折れることなのです。それは、真理と正義を求め、犠牲者の記憶を尊重し、報復よりもはるかに強い共通の希望に向けて一歩ずつ切り開いていくという、根気を要する作業です(209)」。頻発する紛争について、コンゴの司教団が語ったように、「紙の上での和平協定だけでは、決して十分ではないでしょう。この繰り返される危機の発端についての真相究明を取り入れることで、先へ進む必要があるでしょう。人民には、何が起きたのかを知る権利があります(210)」。

227　実に「真実は、正義と憐憫の離れられない仲間です。この三つがそろっていることが平和の構築には不可欠であり、またそれぞれが、残り二つの変質を防いでいるのです。……真実は実際、決して復讐につながってはならず、むしろ和解、そしてゆるしにつながるべきものです。真実とは、悲しみに打ちひしがれている家族に起きたこと、行方不明になった家族に起きたこと、それが何であったのかを伝えることです。真実とは、残忍な暴力集団の一味にされた未成年者の身に何が起きたのかを明らかにすることです。真実とは、乱暴や虐待の被害者である女性の痛みを認識することです。……一人の人間に加えられた暴力はどれも、人類の肉体に刻まれる傷です。暴力による死の一つ一つは、わたしたちを人として衰退させるのです。……暴力は暴力を生み、憎しみはさらなる憎しみを生み、死はさらなる死を生みます。逃れられないかに見えるこの連鎖を、断ち切らなければなりません[211]」。

平和の構築と手仕事

228　平和への道とは社会の画一化のことではなく、わたしたちをともに働けるようにするものです。すべての人に益となる共通の目標を掲げて、多くの人を団結させます。何らかの共通の目的に対して、さまざまな専門的提案、さまざまな経験、共通善のための働きが差し出されることになります。困難についての見解や解決法は一様ではないと認めるには、社会が抱えている問題をしっかりと見極める努力が必要です。ふさわしい共存が実現する道はつねに、次のような可能性を認識するよう求めています。自分と異なる人が、部分的であったとしても理にかなった視点をもたらしてくれるだろうという可能性、間違った考えをもっていたとしても、あるいは悪事に手を染めたことがあったとしても、どこかにくむべきものがあるだろうという可能性です。「発言や行動だけで相手を決めつけるのではなく、もっている可能性のゆえにその人を大切にすべき[212]」だからです。必ずや、いちるの望みは残されているとする可能性です。

229　南アフリカの司教たちが教えたように、真の和解は、「支配欲よりも他者への奉仕を基盤とする、新たな社会を形成することで」先取的に実現されます。「それぞれが身勝手に最大限の富を求める争奪戦ではなく、もっているものを他者と共有することを基盤とする社会です。家族であれ、国であれ、民族であれ、文化であれ、どんな小集団よりも、人類としてともにいることの価値が、間違いなく大切にされる社会です[213]」。韓国の司教団が指摘したのは、真の平和は、「正義のために対話を通して闘い、和解と相互の発展を追い求めるときにのみ実現される[214]」ということです。

230　分断の克服を、各人のアイデンティティを損ねずに行うという困難な取り組みは、基本的な帰属意識がすべての人に残されていることを前提とします。というのも、「わたしたちの社会は、各人が、各社会集団が、まさに家にいるような安らぎを感じるときに勝利するのです。家庭では、お父さん、お母さん、おじいちゃん、おばあちゃん、子どもたちは打ち解けています。だれも除外されません。一人が窮地に陥れば、それが深刻であろうと、身から出たさびであったとしても、ほかの人がその人を助け、支えます。その人の痛みは皆の痛みなのです。……家では、皆で共通の計画に貢献し、皆で共通の益のために尽くします。だからといって個を否定するのではなく、むしろ個を支え、励ますのです。けんかはしますが、変わらないものがあります。家族のきずなです。家族のけんかは、後で仲直りできます。一人ひとりの喜びや悲しみは、皆のものです。そうなのです。家族であるとは、こういうことなのです。もし、政治的に対立する人や近所の人に、子ども、妻、夫、父親、母親に注ぐのと同じまなざしを向けることができたら、どんなによいでしょう。自分たちの社会を愛していますか。それとも、社会はどこか縁遠いもの、得体の知れぬもので、自分とは関係のない、自分は属していない、自分には責任のないもののままなのでしょうか」(215)。

231　多くの場合、非常に重要なのは交渉することで、それによって、平和のためのいくつもの具体的な道筋が生み出されます。ただし、永続的な平和のためのプロセスで何よりも効果的なのは、民衆の手仕事による変革です。そこでは、それぞれの人が、日常の生き方をもって力強いパン種となりうるのです。優れた変革は、机上やオフィスでは生み出せません。ですから「歴史の新たな一ページを、希望にあふれ、平和にあふれ、和解にあふれる一ページを描くための、ただ一つの創造の計画において、一人ひとりが重要な役割を果たすのです[216]」。社会のさまざまな機関が、それぞれの専門性をもって参加する平和の「構築」もあれば、わたしたち皆を巻き込む「手仕事」の平和もあります。世界各地で展開されているさまざまな和平のプロセスから「わたしたちが学んだのは、こうした平和をもたらす道、復讐よりも理性を優先させる道、政治と法の微妙な調整の道では、一般の人の関与を無視できないということです。それらは、善意の政治集団や経済集団内の規範的枠組みや制度的合意の設計だけをもって、実現されるものではありません。……さらに、ほとんど目立つことのなかった分野の経験を和平のプロセスに組み入れることは、必ずや益となります。ですから共同体こそ、集団の記憶のプロセスを彩るものなのです[217]」。

232　一国の社会平和の構築に終わりはなく、むしろそれは、「手を止める間のない、すべての人が取り組まなければならない作業です。それは、困難や違いや、平和的共存への道に関する見解の相違があろうとも、国家の一致を構築するための努力を怠らないこと、そして出会いの文化を促進するために粘り強く闘うことを求める作業です。出会いの文化とは、あらゆる政治活動、社会活動、経済活動の中心に、人間、その崇高な尊厳、そして共通善に対する敬意を置くよう求める文化です。こうした努力によって、復讐のいかなる誘惑も、私的な目先の利益の追求も、断ち切ることができますように[218]」。どちらかが暴力的な市民デモをしても、解決にはつながりません。コロンビアの司教団がいみじくも指摘したように、「市民の動員」があおられるときには、「その理由や目的は必ずしも明確ではなく、何らかの政治的な操作があり、特定の利害関係のための私物化が見られる[219]」のです。

まず、いちばんの弱者とともに

233　社会的友愛の追求には、過去の対立による溝が埋まらない社会集団の間の融和だけでなく、困窮を極めた脆弱な階層の人々と再び会うことも含まれています。平和とは、「戦争がないことだけではなく、たゆまぬ努力——とくに、より大きな責任を担う立場にある者による——でもあります。忘れられ、ないがしろにされがちなわたしたちの兄弟姉妹の尊厳を認め、保障し、具体的に回復させて、彼らが自国の運命を担うメインキャストだと自覚できるようにするためのたゆまぬ努力です[220]」。

234　社会でのいちばんの弱者は、当たり前になってしまった不公平によって幾重にも傷つけられています。最貧困にあえぐ人たちや見捨てられている人たちが、反社会的に映る姿で反発することがあれば、そうした反発には大概、彼らを蔑視し、社会的包摂《ソーシャルインクルージョン》を欠いてきた歴史が関係していると理解することが大切です。ラテンアメリカの司教たちが教えてくれたように、「友となるほど近くにいること、それによってしか、今日の貧しい人々の価値観、彼らの正当な望み、そして彼らなりの信仰の生き方を、深く理解することはできません。貧しい人々を優先して選択することは、わたしたちを貧しい人々との友情へと導くはずです[221]」。

235　社会に平和をもたらそうとする人たちは、不平等や全人的発展の欠如が、平和を生み出せなくしていることを忘れてはなりません。事実、「機会の不均等は、さまざまな攻撃や戦争の温床となり、遅かれ早かれ爆発を引き起こします。地域社会、国、国際社会が、自身の一部である隅に置かれた人々を見捨てるのなら、どのような政策も執行機関や諜報機関も、安寧を継続的に保障することはできません[222]」。最初からやり直す必要があるとすれば、それは必ず、いちばんの弱者のもとからであるはずです。

ゆるしの価値と意味

236　対立、暴力、分断は社会の正常な機能の一部であると考えるがゆえに、和解について話したがらない人もいます。確かに、どんな人間集団にも多かれ少なかれ、さまざまな党派間の微妙な権力闘争が存在しています。ゆるしを受け入れることは自分の立場を譲歩することであり、そうなると他方が事態を支配してしまうと主張する人もいます。ですからその人たちは、異なる集団間でパワーバランスを保ったパワーゲームを維持したほうがよいと考えています。ほかにも、和解は弱者のものだと思い込んでいる人もいます。徹底した対話ができずに、不当なことに目をつぶって問題を回避しようとする、つまり、問題に立ち向かえずに、見かけ上の平和を選ぶ人のものだというのです。

避けられない対立

237　ゆるしと和解は、キリスト教において、そして他の宗教でもさまざまなかたちで、とくに強調されているテーマです。危険なのは、信者の信念をしっかりと理解せず、運命論、惰性、不正、さらには不寛容や暴力をあおるようなかたちでその信念を示してしまうことです。

238　イエス・キリストは、暴力や不寛容の醸成へと誘うようなことは決してなさいませんでした。ご自身が、他者に己を押しつけるために力を用いることを公然と非難しました。「あなたがたも知っているように、異邦人の間では支配者たちが民を支配し、偉い人たちが権力を振るっている。しかし、あなたがたの間では、そうであってはならない」（マタイ20・25―26）。さらに福音書は、「七の七十倍」（マタイ18・22）ゆるすよう求め、自分はゆるされたのに、他者をゆるすことができなかった無情な家来のたとえを示しています（マタイ18・23―35参照）。

239　新約聖書の別の箇所を読めば、腐敗と逸脱の蔓延する異教の世界に囲まれていた初期のキリスト教共同体には実際に、辛抱と寛容と理解が備わっていたことに気づかされます。それが実に鮮明に描かれている箇所がいくつかあります。反抗する者を優しく教え導くよう求めている箇所です（二テモテ2・25参照）。また、「だれをもそしらず、争いを好まず、寛容で、すべての人に心から優しく接しなければならない。わたしたち自身もかつては、無分別で……いたのです」（テトス3・2―3）との勧告もあります。使徒言行録は、一部の権威者から迫害されていた弟子たちが「民衆全体から好意を寄せられた」（2・47。4・21、33、5・13参照）と明言しています。

240　しかしながら、ゆるし、平和、社会的和合について考察すると、イエス・キリストの驚愕させられる言い回しに出くわします。「わたしが来たのは地上に平和をもたらすためだ、と思ってはならない。平和ではなく、剣《つるぎ》をもたらすために来たのだ。わたしは敵対させるために来たからである。人をその父に、娘を母に、嫁をしゅうとめに。こうして、自分の家族の者が敵となる」（マタイ10・34―36）。これは、これが記されている章の文脈から理解することが大切です。そこでテーマとされているのは、たとえ自らの選択が対立をもたらそうとも、愛する人がその選択に反対しても、恥じることなく、自らの選択に忠実であることであるのは明らかです。ですからこのことばは、対立を求めているのではなく、やむをえない対立にはただただ耐えるようにと招いているのです。人間的な遠慮によって、家庭や社会の安寧とおぼしきものを重んじて、自分の心を裏切ることにならないようにです。聖ヨハネ・パウロ二世は次のように語りました。教会は「あらゆる社会紛争を断罪しようと考えているのではありません。教会は、歴史の過程において利益を異にする社会集団の間に紛争が起こることは避けられないこと、また、そのような紛争に直面して、キリスト者はしばしば誠実に、決然として一つの立場をとらなければならないことを、十分に承知しています(223)」。

正当な対立とゆるし

241　自分の権利を放棄することで、腐敗した権力者、犯罪者、あるいはわたしたちの尊厳を傷つける者をゆるすよう提案しているのではありません。わたしたちは、例外なくすべての人を愛するよう求められています。ですが、抑圧者を愛するとは、抑圧者が抑圧者のままでい続けるのを容認することではありませんし、自分がしていることは受け入れられていると抑圧者に思わせることでもありません。反対に、抑圧者を正しく愛するとは、抑圧をやめさせるさまざまな方法を探ることであり、使い方を知らずにいる権力、それによって人として醜くなってしまう権力を、抑圧者から取り上げるということです。ゆるすとは、自分の尊厳や他者の尊厳の蹂躙《じゅうりん》が続くのを容認することでもなければ、犯罪者が罪を犯し続けるのを放っておくことでもありません。不当な扱いを受ける人は、自分の権利や家族の権利をしっかりと守らなければなりません。それはまさしく、与えられた尊厳を、神が愛しておられるしるしである尊厳を、守らないといけないからです。犯罪者が自分自身や大切な人に危害を加えた場合、正義を要求することや、その犯罪者――あるいは別のだれか――によって、再び被害に遭わないよう、ほかの人が同じ被害に遭わないようにと心配することを、だれも禁じてはいません。そうする権利があるのです。ゆるしは、そうする必要性を取り消すものではなく、むしろそれを求めるのです。

242　肝心なのは、そうするのは怒り――個人の魂やわたしたちの民としての魂を駄目にしてしまうもの――をかき立てるためでもなく、あるいは相手をたたきのめし、それによって復讐の連鎖を終わらせようとする病的な執着のためでもないということです。そのような方法で、内なる平和や過去との和解を実現できる人はいません。事実、「いかなる家庭、いかなる地域コミュニティ、いかなる民族集団、ましていかなる国にとって、団結させ、結束させ、違いを乗り越えさせる原動力が復讐と憎悪であるならば、未来はありません。わたしたちは復讐のため、自分がされたのと同じ暴力を相手に振るうため、一見すると正当なやり方で報復の機会を画策するために、声を合わせ、団結するわけにはいきません[224]。そうして得られるものは何もなく、結局は、何もかも失うことになるのです。

243　確かに、「対立が残した不正義、敵意、不信というつらい負の遺産を乗り越えるのは、簡単な仕事ではありません。善をもって悪に打ち勝つことで（ローマ12・21参照）また、和解、連帯、平和をはぐくむ徳を養うことで、初めてなし遂げることができるのです[225]」。このように、「自身の内にて善をはぐくむ人は、たとえ困難や無理解の中にあっても、その善によって静謐《せいひつ》をたたえた分別、深い喜びが与えられます。被害の渦中にあっても、善は非力ではなく、復讐から手を引くことのできる真の強さなのです[226]」。自分の人生には、「兄弟や姉妹に対する心の中での厳しい裁き、まだ開いている傷、ゆるしていない過ち、自分をさいなむばかりの恨みが、内に抱える闘いの断片、心にくすぶる炎として存在していて、大火となって燃え盛ることのないよう消し止めなければならない[227]」と認識することが必要です。

真の克服

244　対立が解決されず、過去のこととして埋没させたり葬ったりしている場合の沈黙は、重大な過ちや罪への共犯を意味します。真の和解とは、対立から逃げずに、対立の中にあって、対話と、オープンで真摯で辛抱強い交渉を通してそれを克服することで実現するのです。異なる党派間の争いは、「互いの敵意と憎悪を捨て去るならば、必ずや、正義の探求を基礎とした誠実な話し合いへと少しずつ変化するのです(228)」。

245　繰り返し提案しているのは、「社会における友好関係を構築するために不可欠な原理……すなわち、一致は対立に勝るという原理です。……これは、混合主義《シンクレティズム》や、他者を吸収することに賭けることではありません。そうではなく、対立する両極がもつ豊かで有益な潜在能力そのものを維持したまま、高い次元での解決に信頼することです(229)」。わたしたちがよく分かっているように、「個人でも共同体でも、今の自分以上、特定の利益以上のものを目指すことを学ぶたびに、相互の理解とかかわり合いは変容し、……対立、緊張のあるところ、さらには過去に敵対していたとみなされうる人々のもとでも、新たないのちを生み出す多様性の一致へと至ることができるのです[230]」。

記憶

246　義を欠いた残酷な苦しみをひどく味わった人に対して、「社会的なゆるし」のようなものを求めるべきではありません。和解は個人的な行為です。促さなければならないとしても、社会として一くくりにしてそれを強要することはできません。完全に個人的な領域において、人は、自由で寛大な決意をもって、処罰の要求を――社会とその司法がそれを正当に求めようとも――捨てることができます（マタイ5・44―46参照）。ですが「全般的和解」を命じて、それによって傷口が塞がれたことにしたり、あるいは忘却というマントで覆って不正義を隠したことにしたりはできません。本人に代わってゆるす権利を行使できる人などいるでしょうか。被害の苦しみを乗り越え、ゆるすことができた人のことを思えば胸を打たれますが、それができない人に理解を示すのもまた、人間にふさわしいことです。いずれにしても、決して提案してはならないのは、忘れることです。

247　ショア（訳注：ヘブライ語で「滅亡、壊滅」の意。「ホロコースト」に置き換えられる）を忘れてはいけないのです。それは「偽りのイデオロギーにあおられ、人間の基本的な尊厳を忘れてしまうと、人の邪悪さはどこまで行きうるかの象徴です。人間の尊厳は、属する民族や信奉する宗教にかかわらず、無条件に尊重すべきものです」[231]。これを胸に刻みつつ、この祈りを繰り返さずにはいられません。「あなたのいつくしみのうちに、わたしたちを思い起こしてください。人として、してしまったことを恥じる恵みを与えてください。この最悪の偶像崇拝を恥じる恵みを、あなたが土から形づくられた肉、あなたがいのちの息吹で生を与えられた肉、わたしたち人間の肉体を、軽んじてずたずたにしたことを恥じる恵みを与えてください。二度と――主よ、もう二度と繰り返しません」[232]。

248　広島・長崎への原爆投下を忘れてはなりません。もう一度、「ここで、すべての犠牲者を思い起こしたいと思います。また、あの時を生き延びたかたがたを前に、その強さと誇りに、深く敬意を表します。その後の長きにわたり、肉体の激しい苦痛と、心の中の生きる力をむしばんでいく死の兆しを忍んでこられたからです。……現在と将来の世代に、ここで起きた出来事の記憶を失わせてはなりません。より正義にかなない、いっそう兄弟愛にあふれる将来を築くための保証であり起爆剤である記憶……をです[233]」。また、迫害、人身売買、ジェノサイドがさまざまな国で過去にあり、現在も続いていること、人間として恥ずべきその他多くの歴史的出来事も、忘れてはなりません。それらは、何度も胸に刻まれ、倦怠や慣れに陥ることなく、記憶され続けるべきことなのです。

249　今日では、もう長い年月が流れた、前を向くべきだ、とのことばで、ページをめくってしまいそうになります。お願いですから、それはやめてください。記憶なしには決して前に進めません。欠けやゆがみのない明快な記憶がなければ進歩できません。わたしたちは、「筆舌に尽くしがたい苦しみを、次世代の人々に証言することで、共同意識の炎を今もともし続けています」。それは、「どのような支配欲や破壊欲を前にしても人間の良心をさらに強固にするために、犠牲者の記憶を呼び起こし守っています[234]」。犠牲者――個人、社会集団、国家――にこそ、経験した甚大な苦しみの名のもとに、報復やあらゆる暴力を正当化する論理に屈することのないよう、それが必要なのです。それゆえわたしは、惨禍の記憶だけでなく、毒され腐敗した状況の中でも、尊厳を回復し、大小さまざまな行動を通して、連帯、ゆるし、兄弟愛を選択した人々の記憶についても述べているのです。よいものを思い出すのは、とてもよいことです。

ゆるす——だが忘れない

250　ゆるすとは、忘れることではありません。むしろ、どうにも否定しきれない、客観視できない、消し去ることのできないものがあったとしても、それでもゆるすことができる、といいたいのです。いかにしても許容しえない、納得できない、目をつぶるわけにはいかないことがあるとしても、それでもゆるすことはできるのです。何があろうとも忘れてはならないことがあるとしても、それでもゆるすことはできるのです。自由意志によって心からゆるすことは偉大で、神のゆるしのはかりしれなさを映しています。ゆるすことが見返りを求めないものであるならば、悔い改めを拒み、ゆるしを請うことができずにいる人をも、ゆるすことができるのです。

251　真にゆるす人たちは、忘れるのではなく、自分を傷つけたと同じ破壊的な力に取りつかれた状態から離れる決意をするのです。負の連鎖を断ち切り、破壊力の増大を押しとどめます。この人たちは、遅かれ早かれ再び自分に襲いかかる復讐のエネルギーを、社会に植えつけ続けはしないと決意するのです。復讐によって、被害者の鬱積した憤懣が完全に解消されることはないからです。あまりにおぞましく残虐な犯罪は、犯人を苦しめることで、被害の埋め合わせができたと納得できるものではありません。犯人を殺してもまだ足りませんし、被害者をさいなんだであろう苦悶に見合う責め苦などないでしょう。復讐は、何も解決しません。

252　刑罰の免除について話しているわけではありません。ですが正義は、被害者の怒りのはけ口のようなものではなく、ひたすら、正義そのものへの愛ゆえに、被害者への敬意ゆえに、新たな犯罪を防ぎ共通善を守るために、ふさわしく求められるものです。復讐の負の連鎖や、忘却の不義に陥ることなく、正義の追求を可能にするのは、まさにゆるしなのです。

253　双方に不正義があったときには、それは同程度ではない、あるいは比較できないという可能性を、しっかり認識しておくべきです。国家の制度や権力によって行使された暴力は、私的集団による暴力とは次元が違います。いずれにせよ、一方の側の不当な苦しみだけが記憶されるよう仕向けてはなりません。クロアチアの司教団が教えたとおりです。「わたしたちは、罪なき犠牲者一人ひとりに対し、等しく敬意を払わなければなりません。民族、信仰、国籍、政治思想による、差別があってはならないのです[235]」。

254 神にせつに願います。「思想、言語、文化、宗教の違いを超えて、兄弟姉妹と会えるよう、わたしたちの心を整えてください。いつくしみの油をわたしたちすべてに注ぎ、過ち、無理解、不和の傷をいやしてください。わたしたちが、謙虚さと柔和をもって、平和を求める、厳しくとも実りある歩みへと遣わされますように[236]」。

戦争と死刑

255 きわめて悲劇的な事由の解決策として提示される、極端な局面が二つあります。誤った解であること、乗り越えようとしている問題はそれでは片づかないこと、結局は国内外の社会構造に新たな破壊の要因をもたらすだけであること、そうしたことに気づかずに提示されるものです。戦争と死刑です。

戦争の不正義

256 「悪を耕す者の心には裏切りがある。平和を勧める人の心には喜びがある」（箴言12・20）。しかしながら、戦争に解決策を求める人たちがいます。戦争は多くの場合、「さまざまな関係のゆがみ、覇権への野心、権力の濫用、他者や異なるものを障害とみなすことで生じる恐怖心によってあおられます[237]」。戦争は過去の亡霊ではなく、たえず脅威であり続けています。すでに始められ、いくつか実り始めた平和のゆっくりとした歩みの中で、世界はいっそうの困難に直面しています。

257 戦争が拡散する素地が新たに作られつつあるからには、忘れずにいてほしいのです。「戦争はあらゆる権利の否定であり、環境に対する無残な攻撃です。すべての人の真の全人的発展を望むのであれば、国家間、民族間での戦争回避のためのたゆまぬ努力が必要です。この目標を達成するためには、真に根本的な法的規範である国連憲章が提示したとおり、法による議論の余地のない支配を確保し、折衝、仲介、仲裁をつねに方策とする必要があります[238]」。国連の七十五年の歴史と、今千年期最初の二十年の経験が教えてくれるのは、国際規範の全面的適用は実際有効であり、その不履行は害をもたらすということだと、はっきり申し上げたいと思います。国連憲章は、重んじられ、透明性と誠意をもって遵守されることで、正義のための守るべき基準となり、平和への道筋となっているのです。しかしそこには、不法な意図を隠蔽したり、国や集団の私的利益を世界の共通善に優先させたりしないことが求められているのです。規範を、都合がいいときは頼りにし、そうでないときには無視しておく道具とみなせば、制御不能な力が解き放たれてしまい、社会、いちばんの弱者、兄弟愛、環境、文化財を大きく傷つけ、グローバル社会に取り返しのつかない損失をもたらします。

258 このように戦争は、一見したところ人道的、防衛的、予防的なあらゆる口実を建前にし、情報操作すら利用して、安易に選択されています。事実、ここ数十年の戦争はすべて、「正当とされる」と主張されてきました。『カトリック教会のカテキズム』は、軍事力による正当防衛の可能性について語っていますが、前提として、いくつかの「倫理的正当性の厳格な条件[239]」を満たしていることの証明を求めています。ところが、この可能な権利が、あまりにひどい拡大解釈へと容易に走るのです。こうして、「予防的」な攻撃や、「除去しようとする害よりもさらに重大な害や混乱[240]」を伴わないことなどほとんどない軍事行為までもが、不当に正当化されるのです。問題であるのは、核兵器、化学兵器、生物兵器の開発と、新技術からもたらされる膨大で増大する手段によって、制御不能な破壊的軍事力が戦争に付与され、多くの罪のない民間人が被害に遭っているということです。事実、「かつて人類は自らに対するこれほどの権力を有したことはなく、……そうした権力が賢明に行使される保証はどこにもありません[241]」。ですからわたしたちはもはや、戦争を解決策と考えることはできないのです。戦争によって手にされるであろう成果よりも、つねにリスクのほうが大きいはずだからです。この現実を見れば、「正戦」の可能性について語るべく、過去数世紀の間に合理的に練られた基準を、今日支持することはきわめて困難です。二度と戦争をしてはなりません[242]。

259　グローバリゼーションの発展に伴い、地球上のどこか一つの場所にとっては即時的、現実的解決に見えるものが、ほとんど潜在的な暴力因子——最後は地球全体を害し、新たなよりひどい次の戦争への扉を開く——の連鎖を生み出していると言い添えておくことが重要です。現代世界ではもはや、あの国この国で、戦争が「ばらばら」起きているのではなく、

「ばらばらな世界大戦」が起きているのです。国々の運命は、世界という舞台で互いに密接につながっているからです。

260　聖ヨハネ二十三世がいったように、「戦争が侵害された権利回復の手段になるとはまったく考えられません」[243]。彼は、国際的な緊張が高まっていた時期にこのように断言し、冷戦時代に広がっていた平和への強い願いを表したのです。平和の道理は、私的利益のいかなる打算よりも、武器使用へのいかなる信頼よりも、はるかに堅固だという確信を強めたのです。しかしながら、冷戦の終結によってもたらされた好機が、適切に生かされませんでした。わたしたち運命共同体についての、将来の展望と共通認識が欠けていたのです。逆に、普遍的な共通善を引き受けずに、個別の利益の追求に屈したのです。こうして、戦争の幻惑の亡霊が、再び勢いづいたのです。

261　どの戦争も必ず、世界を、かつての姿よりもいっそう劣化させます。戦争は、政治の失敗、人間性の欠如であり、悪しき勢力に対する恥ずべき降伏、敗北なのです。理屈をこねるのはやめて、傷に触れ、犠牲者のからだに触れようではありませんか。「巻き添え被害」で殺戮《さつりく》された無数の民間人を、しっかり見つめようではありませんか。犠牲者に尋ねようではありませんか。避難民、被爆者や化学兵器の被害者、わが子を亡くした母、手足を失った子や幼少期を奪われた子どもたちに、目を向けようではありませんか。こうした暴力の犠牲者が伝える真実に意識を向け、彼らの目を通して現実を見つめ、開かれた心で彼らの話に耳を傾けようではありませんか。そうすれば、戦争の根底にある悪の深淵に気づけるようになり、平和を選ぶことで愚直だといわれようとも動じることはないのです。

262　現今の問題の解決策が、核兵器、化学兵器、生物兵器の使用の脅威をもっての恐怖による抑止であると考えるのならば、規範も十分ではないでしょう。現に、「テロリズム、非対称戦争、サイバー犯罪、環境問題、貧困など、二十一世紀のこの多極化した世界における平和と安全に対する大きな脅威について、その複合性とともに考えれば、そうした課題に有効に対応するためには核の抑止力は不適当であるとの思いが少なからず生じます。こうした懸念は、時間も空間も無関係に壊滅的な結果を伴う核兵器の使用がもたらす人道的・環境的な破局的影響を考えてみれば、いっそう現実味を帯びてきます。……恐怖に基づく安定が、実際は、恐怖の増大と、民の間の信頼関係を蝕《むしば》むことに加担しているならば、それはどれほど持続可能なのか、よくよく考えなければなりません。国際的な平和と安定は、偽りの安心感、相互破滅や壊滅の脅威、勢力均衡の単なる維持を礎《いしずえ》とするものではあってはならないのです。……この文脈において、核兵器廃絶の最終目標は、挑戦であると同時に、倫理的、人道的命令でもあるのです。……相互依存とグローバル化の進展は、核兵器の脅威への対応が何であれ、相互信頼に基づく集団的で協調的なものでなければならないことを意味します。この信頼は、隠された利益や私的な利益の保護を目指すのではなく、共通善を真摯に目指す対話によってのみ、構築できるのです」(244)。そして、武器やその他軍事費に使われているお金で、国際基金を設立しようではありませんか(245)。飢餓撲滅のために、そして最貧国の発展のために、そうして、その国の住民が暴力的解決や空振りの解決策に頼らなくてよいように、より尊厳ある生活を求めて国を離れる必要がないようにです。

死刑

263 他なるものを消滅させる、もう一つの方法があります。その矛先は国ではなく、人に向けられています。死刑です。聖ヨハネ・パウロ二世は、明解に、決然と、これは倫理の観点からは不適切であり、刑事司法の観点からはもはや不必要だと言明しました[246]。この立場に関して、後戻りは考えられません。今日、わたしたちははっきりと表明します。「死刑は許されるべきではありません[247]」。そして教会は、世界中で死刑が廃止されるよう提案すべく、決意をもって取り組みます[248]。

264　新約聖書では、個人は自分で制裁を科すことのないよう求められていますが（ローマ12・17、19参照）、他方で、悪を行う者に処罰を与える権威者の必要性を認めています（ローマ13・4、一ペトロ2・14参照）。実に、「組織化されたコミュニティを中心にして成り立っている市民生活には、自由意志による違反に適切な対応を求める、共生のためのルールが必要です[249]」。これは、正当な公権力は「犯された犯罪の重さに応じて、刑罰を科す[250]」ことができ、またそうすべきであること、また、司法には「法の下での必要な独立性[251]」が保障されていることを意味しています。

265　古代教会の時代から、明確に死刑に反対する人はいました。たとえば、ラクタンティウスは、「いかなる例外もない。人のいのちを奪うのは、いつ何どきでも犯罪である[252]」と主張しています。教皇ニコラス一世は、「すべての無実の人だけでなく、すべての犯罪者を死刑から解放すべく努めるべし[253]」と勧告しました。聖アウグスティヌスは、司祭二人の殺害に対する裁判の際に、殺人犯らの生命を奪わぬよう裁判官に求め、次のように弁護しました。「犯罪を犯す自由を悪人どもから奪い取るのを阻止しようとするのではありません。そうではなく彼らが生きたままで、身体のどの部分も不具にされないで、狂気による不安から健康な静穏へと法の規則によって導かれるか、悪意あるしわざから何か有益なわざに割り当てられるようになるなら、わたしたちは満足するでしょう。なるほどこれも有罪判決と呼ばれますが、荒れ狂った無謀が抑制され、悔い改めの医薬も取り去られていない場合に、罰というよりも好意のしるしといわれるべきことを理解できない人がいるでしょうか。……邪悪に対しては厳しく怒ってください。しかし人間らしい生き方を図ることを忘れないでください。忌まわしい罪人らに報復する欲望を駆り立てないで、罪人らの傷をいやそうとする意志を用いてください[254]」。

266　恐怖や恨みがあるとすぐに、刑罰とは報復であり、当然過酷でなければならないと考えてしまい、それがいやしと社会復帰の一環であるとは理解できなくなります。今日は、「政治分野の一部からも一部メディアからも、公的にも私的にも、暴力と復讐があおられることが少なくありません。犯した罪の責を負う者に対してだけでなく、正当な理由のあるなしにかかわらず、法律に違反しているのではないかと疑われている人に対してもです。……意図して敵に仕立てる傾向があります。つまり、社会が危険だと認識したり解釈したりする何かしらの特徴が集約されている、型どおりの人物が敵なのです。これらのイメージ形成のメカニズムは、人種差別思想の拡大を許した当時と同じものです[255]」。これにより、一部の国では、予防拘禁、裁判なしの投獄、そして何より死刑、こうした手段に訴える傾向が強まり、非常に危険になっています。

267　もう一度指摘しようと思います。「今日の国家においては、不当な攻撃者から他のいのちを守るには死刑以外に手段がない、そのように考えるのはとんでもないことです」。とくに問題なのは、いわゆる無裁判死刑や超法規的死刑の執行であり、「それらは一部の国家やその代理人による意図的な殺人です。これはしばしば、犯罪者との対決を装うか、あるいは、望ましくはなくとも、合理的、必然的、かつ法の適用に相応する力の行使の結果であるとして示されるのです[256]」。

268 「死刑制度に反対する議論は数多くあり、広く知られています。カトリック教会は、そのいくつかを、折に触れて強調してきました。たとえば誤審の可能性もありますし、また、全体主義体制や独裁体制による、政治的立場が異なる者の排除や、宗教的・文化的少数者の迫害の手段としての死刑の利用などです。そうしたことによるすべての犠牲者は、それぞれの法から見れば「犯罪者」なのです。ですから、すべてのキリスト者と善意ある人々は、合法・非合法を問わず、あらゆる形態の死刑を廃止すべく闘うよう、またそれだけでなく、自由を奪われた人の人間としての尊厳を守り、刑務所の環境改善のためにも闘うよう求められています。そしてわたしは、これを終身刑と関連づけます。……終身刑はひそかな死刑なのです㉕⑦」。

269 「殺人者といえどもその人格の尊厳を失わないのであり、神自身がその保障を明確に約束された㉕⑧」ことを忘れてはなりません。断固たる死刑反対は、それぞれの人の奪うことのできない尊厳の認識と、この世界にはそれぞれの人の居場所があるとの理解が、どれほどに可能かを示しています。極悪の犯罪者に対してもそれを否定しないからには、だれに対してもそれを否定せず、わたしは、自分とこの地球を共有する可能性をすべての人に、たもとを分かつ人にも差し出すつもりです。

270　これについてためらい、いかなるかたちであれ暴力に傾くキリスト者には、イザヤ書のことばを思い出すよう招きます。「彼らは剣《つるぎ》を打ち直して鋤《すき》とし」（2・4）たのです。わたしたちにとってこの預言は、イエス・キリストにおいて実現しています。暴力に駆られた弟子を前に、イエスは決然といわれました。「剣をさやに納めなさい。剣を取る者は皆、剣で滅びる」（マタイ26・52）。これは、「人間から人間のいのちを賠償として要求する。人の血を流す者は、人によって自分の血を流される」（創世記9・5―6）といういにしえの忠告のこだまでした。イエスの心からわき出たこの反応は、時代を超えて、変わらない呼びかけとして今日に届くのです。

第八章　世界の兄弟愛のために働く宗教

271　さまざまな宗教は、どの人も神の子どもとなるよう招かれた被造物であって尊いという考えをもって、社会における兄弟愛の構築と正義の擁護のために貴重な貢献をしています。宗教間対話は、外交や礼節、もしくは寛容ゆえにのみ行うのではありません。インドの司教団が教えたように、「対話の目的は、真摯な愛の心で、友愛、平和、和合を築き、倫理的、霊的な価値観や経験を分かち合うことなのです(259)」。

究極の根拠

272　わたしたち信者は、神は万人の御父という理解がなければ、兄弟愛の呼びかけに盤石な根拠はないと考えます。「孤児ではないという子としての意識があってこそ、わたしたちは互いに平和に暮らすことができる[260]」と確信しています。なぜならば、「理性それ自体は、人間の平等を理解し、市民的共存に安定性を与えることはできても、兄弟愛を確立することはできません[261]」。

273　これについてわたしは、忘れがたい一節を思い起こしたいと思います。「もし、人間が自らの完全な自己認識を獲得するために従うべき超越的真理というものが存在しないなら、人々の間に公正な関係を保障する確かな原則も存在しません。個々の階級、集団、民族の自己利益は、互いに対立するものとなることは避けられないでしょう。もし、人が超越的真理を認めないなら、そのとき、権力がこれに取って代わり、個々の人は他者の権利を顧みず、可能なあらゆる手段を利用して自分の利益、自分の意見を通そうとするでしょう。……このように、近代の全体主義の根は、人間――それは見えない神の見える似姿であり、それゆえ本性的に、いかなる個人、集団、階級、民族、国家も侵すことのできない権利の主体であります――の超越的尊厳の否定に見いだされるのです。社会の多数派であっても、少数派に対して、彼らを孤立させ、弾圧し、搾取し、あるいは絶滅させようと企てることによって、これらの権利を侵害することは許されません[262]」。

274 自分たちの信仰体験や、何世紀にもわたり蓄積されてきた知恵、また、自身のさまざまな弱さや失敗による学びから、宗教は違っても信者たるもの、神を示すことがわたしたちの社会にとってよいことだと知っています。真摯な心で神を求めることで――ただし自分たちのイデオロギーやその他のことに利用して神の姿をぼやかすことなく――、互いを人生を旅する仲間、真の兄弟姉妹だと自覚できるようになるのです。わたしたちが信じているのは、「イデオロギーの名のもとに社会から神を締め出そうとすれば、結局それは偶像崇拝となり、人はたちまち道を見失い、人間としての尊厳は踏みにじられ、人権は侵害されてしまうということです。良心の自由と信教の自由の剥奪がどれほど残虐な行為となるのか、またそうした傷がいかにして、希望と理想が奪われて完全に疲弊した人間性を生み出してしまうのか、皆さんはよくご存じです(263)」。

275 「現代世界の危機の最大の原因は、鈍感になった人間の良心と、宗教的価値観の疎外であり、それに加えて個人主義と物質主義的思想――人間を神化し、世俗的で物質的な価値観を至高の超越的原理に置き換えること――の優勢(264)」であることを認識すべきです。公的な議論の場で発言権をもつのが、有力者や学者だけというのは間違っています。何世紀にもわたる経験と知恵を集めた、宗教を背景にした考察の機会をもつべきです。「古典的な宗教書はあらゆる時代において意味をもちうる」のですが、実際は、「合理主義の狭量な視野によって、こうした古典が軽視されるのです(265)」。

276 これらの理由から教会は、政治の自律性を尊重しつつも、自らの使命を内輪の世界に押しとどめることはしません。それどころか、よりよい世界の構築にあたっては「傍観していることはできませんし、傍観するべきでもありません」し、さらに、社会生活全体を実りあるものにする「霊的な力を呼び覚ます(266)」ことを怠ってはならないのです。確かに、聖職者は信徒に固有のものである政党政治に加わるべきではないものの、人間存在としての政治的側面[267]——共通善にたえず注意を払い、全人的な発展に関心をもつこと——を放棄してよいはずはありません。教会は、「その慈善活動や教育活動以上の公共の役割を担って」いて、「人類の向上と普遍的な兄弟愛の促進[268]」にも努めているのです。教会が目指しているのは、地上の権力者に対抗することではなく、むしろ、「現代世界へ、信仰、希望、愛——主に対する愛と、主が格別に愛しておられる人々への愛——をあかしするために……開かれた、これこそが教会である家庭の中の家庭」として自らを示すことです。「扉の開いた家。教会は扉が開いたままの家なのです。なぜなら、教会は母であるからです[269]」。そしてイエスの母、マリアのように、「わたしたちは、仕える教会、家から出て行く、聖堂から出て行く、香部屋から出て行く教会になりたいのです。いのちに寄り添い、希望を支え、一致のしるしとなるために、……橋を架け、壁を壊し、和解の種を蒔くためにです[270]」。

キリスト教のアイデンティティ

277　教会は、他の宗教における神の働きを尊びます。「これらの宗教の中にある真実にして神聖なものを何も拒絶することはない。その行動様式や生活様式も、その戒律や教理も、……すべての人を照らすあの真理そのものの光を反映することも決してまれではないからである[271]」。ともかく、わたしたちキリスト者が分かっていなければならないのは、「もしも福音の調べがわたしたちのはらわたを揺さぶらなくなってしまえば、思いやりからわき出る喜び、信頼から生まれる優しさ、いつだってゆるされて派遣された者であるとの自覚を源泉とする和解の能力を失ってしまうだろうということです。もし福音の調べが、家庭で、町中で、職場で、政治や経済の場で流れなくなってしまえば、あらゆる人の尊厳のために闘うようわたしたちに迫るメロディがやんでしまうでしょう[272]」。別の泉からくむ人もいます。わたしたちにとっては、人間の尊厳と兄弟愛のその源泉はイエス・キリストの福音にあります。このかたから生まれるものが、「キリスト教的思考にとって、教会の行動にとっての、最優先事項とされる関係性、他者との聖なる神秘の出会い、すべての人の召命である全人類との普遍的な交わり[273]」です。

278　どんな場所でも自らを現すようにと呼ばれて、何世紀にもわたり、地上のあらゆる場所にて存在する――これが「カトリック」の意味です――よう命じられている教会は、自らの恵みと罪の経験をもって、普遍の愛に招く美を理解しているはずです。事実、「人間に関することはすべからく、わたしたちの関心事です。……人間の権利と義務を定めるべく諸国民が召集される場に同席が許されるのなら、光栄に存じます(274)」。多くのキリスト者にとって、兄弟愛のこの歩みには、マリアという名の母もいてくださいます。このかたは、十字架の前でこの普遍の母性を授かったので（ヨハネ19・26参照）、イエスだけでなく、「その子孫の残りの者たち」（黙示録12・17）にも注意を傾けておられます。マリアは、復活されたかたの力をもって、わたしたち皆が兄弟姉妹となり、社会から見捨てられたどんな人にも居場所のある、正義と平和の輝く、新しい世界を生み出すことを望んでおられます。

279　わたしたちキリスト教徒は、非キリスト教徒が少数派の国で彼らのための自由を求めて尽くすのと同じく、キリスト教徒が少数派の国でも、わたしたちに自由が保障されることを求めます。兄弟愛と平和の道を歩むうえで、忘れてはならない基本的人権があります。どの宗教の信者に対しても、信教の自由を保障することです。この自由が謳《うた》っているのは、わたしたちは「異なる文化や宗教の間で良好な関係が築けるということです。共通点は非常に多く、そしてそれらは重要であり、違いを受け入れ、唯一の神の子らとして兄弟姉妹である喜びをもって、穏やかで、秩序正しく、平和な共生の道を見いだせることを立証しているのです(275)」。

280　同時にわたしたちは、教会内の一致を確かなものとしてくださるよう神に願います。聖霊の働きによって調和を得る多様性によって、豊かになる一致です。それぞれが、他とは異なる貢献をする「一つのからだとなるために」、「一つの霊によって、わたしたちは、……洗礼を受け」（一コリント12・13）たのです。聖アウグスティヌスがいったように、「耳は目を通して見、目は耳を通して聞くのです(276)」。キリスト教諸教派間の交流の歩みをあかしし続けることもまた、せつに求められています。イエス・キリストが述べた願い、「すべての人を一つにしてください」（ヨハネ17・21）――これを忘れてよいはずはありません。このかたの祈りを耳にすると、グローバリゼーションの過程には、いまだ、全キリスト者の一致という預言的・霊的貢献が欠けていることを痛感します。それでも、「完全な交わりには道半ばではありますが、わたしたちには、人類への奉仕を協力して行うことで、ご自分の民に注がれる神の愛を共同であかしする責務があるのです(277)」。

宗教と暴力

281　宗教どうしが協力しての、平和の歩みは可能です。その出発点は、神のまなざしでなければなりません。なぜなら「神は目でご覧になるのではなく、心でご覧になるのです。それに神の愛は、宗教にかかわらず、すべての人にとって同じです。無神論者に対しても、その愛は変わりません。最後の日が来て、物事があるがままに見える光が地上に満ちたなら、わたしたちはどれほど驚かされることでしょう(278)」。

282　同時に、「信者は、共通善のため、もっとも貧しい人の生活の向上のために、話し合い協働する場をもつ必要があります。それは、異なる考えの他者とまとまれるよう皆が軽くなることでもなく、情熱を注ぐ己の信念を隠すことでもありません。……アイデンティティがより深く、堅固で豊かであればそれだけ、その人固有の貢献によって他者を豊かにできるからです(279)」。わたしたち信者は、本質的なものに注力するために、自らの源泉へと立ち帰るよう迫られています。それは、神への賛美と隣人への愛です。そこに立ち帰ることで、わたしたちの教義の一部が、文脈を離れて、他なるものに対する侮辱、憎悪、排外感情《ゼノフォビア》、他なるものの否定といったものにならないようにするのです。事実、暴力の根拠は宗教的信念にあるのではなく、それを曲解したものの中に見いだされるのです。

283　神への真摯で謙虚な信仰は、「差別、憎しみ、暴力には至らず、いのちという神聖なるものへの敬意、他者の尊厳と自由の尊重、すべての人への愛ある献身へと至るのです[280]」。まさしく、「愛することのない者は神を知りません。神は愛だからです」(一ヨハネ4・8)。そのため、「東西も南北も問わず、人々の安全を脅かし、パニック、恐怖、ペシミズムをまき散らす憎むべきテロリズムは、たとえテロリストたちが宗教の名を語ろうが、宗教に起因するものではありません。教典の誤った解釈の積み重ねと、飢餓、貧困、不正、圧迫、傲慢につながる政治によるものです。だからこそ、資金や武器の供給、構想の提供、正当化、さらにはマスコミ報道によるテロ活動の後押しをやめ、これらは皆、世界の安全と平和を脅かす国際犯罪だと捉えなければなりません。このようなテロリズムは、その形態や標榜するものにかかわらず、徹底して非難すべきです[281]」。人間のいのちの神聖さについての宗教的信念のおかげで、わたしたちは、「同じ一つの人類だという根本的な価値観——それがあるから協力、構築、対話、ゆるし、成長を可能にし、またそれをしなければならないとする価値観——をしかと認識するのです。そうすることで声を合わせ、憎しみをがなり立てるのではなく、高貴で美しい調べの歌を生み出すのです[282]」。

284 宗教を問わずその一部にある原理主義者の暴力は、時に、指導者の軽率さによって激化します。しかし、「平和のおきては、わたしたちが代表している宗教の深奥に刻まれていま す。……わたしたち宗教指導者は、真の「対話者」になるようにと、平和の構築のために働くうえで仲介業者ではなく、真の調停者となるようにと求められています。仲介業者は、自分の稼ぎを得る目的から、どちらの側をも喜ばせようとします。それに対して調停者は、唯一の益は平和だと知っているために、自らの取り分はいっさいなく、かえって、身を砕くほどに惜しみなく自己を差し出す人です。わたしたち一人ひとりが、平和の職人となるよう求められています。分断ではなく団結によって、憎しみを抱き続けるのではなくそれを鎮めることによって、新たな壁を築くのではなく対話の道を開くことによってです[283]」。

呼びかけ

285　思い起こすと心弾む、グランド・イマーム、アフマド・アル・タイーブ師との兄弟の会談で出したわたしたちの声明を紹介します。「宗教は戦争をあおることも、憎しみ、敵意、過激主義を募らせることも、暴力や流血を招くこともないと、断固として宣言します。こうした惨事を招いたのは、宗教の教えからの逸脱、宗教の政治利用であり、歴史の一時期に一部の宗教グループ――宗教的感情が人々の心に与える影響を悪用……した者たち――による解釈の結果なのです。……真実、神は、全能者は、ご自分をだれかに擁護してもらう必要はなく、人々を恐れおののかせるためにご自分の名が使われることを望んではおられません」(284)。ですからここでまた、共同で発表した、平和、正義、兄弟愛の呼びかけを取り上げたいと思います。

「すべての人を、権利、義務、尊厳において平等に創造なさり、地を満たして、そこに善、愛、平和の価値を広めるために、互いに兄弟として生きるよう招いてくださった、神の名によって。

神が、一人を殺した者は全人類を殺したと同じであり、一人のいのちを救う者は全人類のいのちを救ったと同じであると定めることで、そのいのちを奪うことを禁じた、人間の無垢の魂の名によって。

神が、すべての人に、とりわけ、資産家や富裕層に対して、義務として救援を命じておられる、貧しい人、困窮した人、助けを必要とする人、疎外されている人の名によって。

孤児、やもめ、難民、家や故郷を離れることを余儀なくされた人、戦争、迫害、不正のすべての犠牲者、弱者、恐怖のうちに生きる人、戦争捕虜、何であれ世界の各地で拷問に遭う人の名によって。

破壊、崩壊、戦争の犠牲者となり、安全、平和、共生を失った民の名によって。

すべての人を抱擁し、一つに結び、平等にする「人類の兄弟愛」の名によって。

人々の行動や運命を支配しようとする、過激主義と分断の政策、法外な稼ぎを得るシステム、勢いづく憎悪のイデオロギーによって引き裂かれた、この兄弟愛の名によって。

神が、自由な者として創造なさり、それによってそれぞれが違う者とされた、人間すべてに与えておられる、自由の名によって。

幸福の基盤であり、信仰のかなめである、義といつくしみの名によって。

地上のいかなる場所にも存在している、善意あるすべての人の名によって。

神の名によって、そして上記のすべての名によって、……歩む道としては対話の文化を、行動としては協働を、方法・基準としては相互認識を採択することを宣言します[285]」。

＊＊＊

286　こうして普遍的兄弟愛について考察する中でわたしは、まずはアッシジの聖フランシスコに、そしてさらに、カトリックではない他の兄弟たちにも意欲をかき立てられました。マーティン・ルーサー・キング、デズモンド・ツツ、マハトマ・ガンディー、その他多くの人です。ですが最後に、また別の深い信仰の人を思い起こして、締めくくりたいと思います。自らの深い神体験から、自分をすべての人の兄弟だと自覚するまでに変容の道を歩んだ人です。福者シャルル・ド・フーコーのことです。

287　この人は、神に完全に身を明け渡す自身の夢を、アフリカの砂漠のただ中に見捨てられた、最底辺で生きる人々と一体になることへと向かわせたのです。こうした背景から、彼は、どんな人をも兄弟だと思えるようになりたいという強い望みを表明し、[286]「わたしが真実にこの国のすべての人たちの兄弟となるよう祈ってください[287]」と友に頼みました。つまり彼は、「すべての人の兄弟[288]」になりたかったのです。まさにこの人は、いちばんの弱者である人たちと完全に同一になることによって、ただそれだけで、すべての人の兄弟となったのです。神の息吹によって、この夢が、わたしたち一人ひとりの内に呼び覚まされますように。アーメン。

創造主への祈り

人類の父である主よ、
あなたはお造りになったすべての人に、分け隔てなく尊厳をお与えになりました。
わたしたちの心に、兄弟姉妹への愛を目覚めさせてください。
再会、対話、正義、平和の夢を、呼び覚ましてください。
飢えも貧困もなく、暴力も戦争もない、

より健全な社会とより尊厳ある世界を築くために、
わたしたちを奮い立たせてください。

あなたが一人ひとりのうちに蒔《ま》かれたよいもの、美しいものに気づき、
一致を深め、共通の課題に取り組み、希望を共有してきずなを強めるために、
わたしたちの心が地上のあらゆる民族と国々に開かれますように。
アーメン。

キリスト教一致の祈り

愛である三位の神よ、
あなたの愛の深い交わりから、
わたしたちに兄弟姉妹へのあふれる愛を注いでください。
イエスの姿とナザレの聖家族のうちに示され、

初めのキリスト教共同体を通して表された愛をお与えください。
わたしたちキリスト者が、福音を生きることができますように。
一人ひとりのうちにキリストを見いだすことができますように。
この世界で見捨てられ、忘れられた人の苦しみのうちに、
十字架につけられたかたと出会い、
立ち上がる兄弟姉妹のうちに、
復活したかたを見ることができますように。

聖霊、来てください。
地上のすべての人に映し出される、あなたの美しさを示してください。
どの人も大切であり、どの人も欠けてはならないことに気づき、
異なる顔をもつ一人ひとりが神に愛された同じ人間であることを
わたしたちが悟ることができますように。
アーメン。

教皇在位第八年、二〇二〇年十月三日
アッシジの聖フランシスコの記念日の前晩
アッシジ、聖フランシスコの墓前にて
フランシスコ

注

（1）アッシジの聖フランシスコ「訓戒のことば」（*Ammonizioni*, 6, 1: FF 155［庄司篤訳『アッシジの聖フランシスコの小品集』聖母の騎士社、一九八八年、三五頁］）。

（2）同（*Ibid.*, 25: FF 175［同四六頁］）。

（3）アッシジの聖フランシスコ「裁可されていない会則」（*Regula non bullata*, 16, 3. 6: FF 42-43［同二四六―二四七頁］）。

（4）Eloi Leclerc, O.F.M., *Exil et tendresse*（亡命といつくしみ）, Éd. Franciscaines, 1962, p. 205.

（5）教皇フランシスコ／グランド・イマーム、アフマド・アル・タイーブ共同文書「世界平和と共生のための人類の兄弟愛（アブダビ、二〇一九年二月四日）」（*L'Osservatore Romano*, 4-5 febbraio 2019, p. 6［以下「アブダビ文書」、本書二五一頁所収］）。

（6）教皇フランシスコ「北マケドニア訪問時、若者との諸教派諸宗教集会での講話（スコピエ、二〇一九年五月七日）」（*L'Osservatore Romano*, 9 maggio 2019, p. 9）。

第一章

（7）教皇フランシスコ「欧州議会での演説（ストラスブール、二〇一四年十一月二十五日）」（AAS 106 [2014], 996）。

(8) 教皇フランシスコ「チリ訪問時、要人および外交団へのあいさつ(サンティアゴ、二〇一八年一月十六日)」(AAS 110 [2018], 256)。

(9) 教皇ベネディクト十六世回勅『真理に根ざした愛(二〇〇九年六月二十九日)』19(*Caritas in veritate*: AAS 101 [2009], 655)。

(10) 教皇フランシスコシノドス後の使徒的勧告『キリストは生きている(二〇一九年三月二十五日)』181(*Christus vivit*)。

(11) Card. Raúl Silva Henríquez, S.D.B., *Homilía el Te Deum*(テ・デウムでの説教[サンティアゴ・デ・チリ、一九七四年九月十八日])。

(12) 教皇フランシスコ回勅『ラウダート・シ――ともに暮らす家を大切に(二〇一五年五月二十四日)』57(*Laudato si'*: AAS 107 [2015], 869)。

(13) 教皇フランシスコ「駐バチカン外交団との新年賀詞交歓会でのあいさつ(二〇一六年一月十一日)」(AAS 108 [2016], 120)。

(14) 教皇フランシスコ「駐バチカン外交団との新年賀詞交歓会でのあいさつ(二〇一四年一月十三日)」(AAS 106 [2014], 83-84)。

(15) 教皇フランシスコ「教皇基金センテシムス・アヌス会員へのあいさつ(二〇一三年五月二十五日)」(*Insegnamenti*, I, 1 [2013], 238)参照。

(16) 聖パウロ六世回勅『ポプロールム・プログレシオ(一九六七年三月二十六日)』14(*Populorum progressio*: AAS 59 [1967], 264)参照。

（17）教皇ベネディクト十六世回勅『真理に根ざした愛（二〇〇九年六月二十九日）』22（*Caritas in veritate*: AAS 101 [2009], 657）。

（18）教皇フランシスコ「アルバニア訪問時、要人へのあいさつ（ティラナ、二〇一四年九月二十一日）」（AAS 106 [2014], 773）。

（19）教皇フランシスコ「国際会議「現代世界の人権——成果、不足、否定」参加者へのメッセージ（二〇一八年十二月十日）」（*L'Osservatore Romano*, 10-11 dicembre 2018, p. 8）。

（20）教皇フランシスコ使徒的勧告『福音の喜び（二〇一三年十一月二十四日）』212（*Evangelii gaudium*: AAS 105 [2013], 1108）。

（21）教皇フランシスコ「第四十八回（二〇一五年）世界平和の日メッセージ（二〇一四年十二月八日）」3—4（AAS 107 [2015], 69-71）。

（22）同5（AAS 107 [2015], 72）。

（23）教皇フランシスコ「第四十九回（二〇一六年）世界平和の日メッセージ（二〇一五年十二月八日）」2（AAS 108 [2016], 49）。

（24）教皇フランシスコ「第五十三回（二〇二〇年）世界平和の日メッセージ（二〇一九年十二月八日）」1（*L'Osservatore Romano*, 13 dicembre 2019, p. 8）。

（25）教皇フランシスコ「日本訪問時、核兵器についてのメッセージ（長崎、二〇一九年十一月二十四日）」（*L'Osservatore Romano*, 25-26 novembre 2019, p. 6）。

（26）教皇フランシスコ「ミラノのコレジオ・サン・カルロの教員、生徒との集会での講話（二〇一九年四月六日）」

(*L'Osservatore Romano*, 8-9 aprile 2019, p. 6)。

(27) 「アブダビ文書」(*L'Osservatore Romano*, 4-5 febbraio 2019, p. 6)。

(28) 教皇フランシスコ「イタリア国内司牧訪問時、文化学術界の集いでの講話（カリアリ、二〇一三年九月二十二日）」(*L'Osservatore Romano*, 23-24 settembre 2013, p. 7)。

(29) 教皇フランシスコ「フマーナ・コムニタス――教皇庁生命アカデミー創立二十五周年を記念しての会長あて書簡（二〇一九年一月六日）」2、6（*Humana Communitas*: *L'Osservatore Romano*, 16 gennaio 2019, pp. 6-7)。

(30) 教皇フランシスコ「TED二〇一七カンファレンスへのビデオメッセージ（二〇一七年四月二十六日）」(*L'Osservatore Romano*, 27 aprile 2017, p. 7)。

(31) 教皇フランシスコ「パンデミックの渦中での特別な祈りの式におけるウルビ・エト・オルビのメッセージ（二〇二〇年三月二十七日）」(*L'Osservatore Romano*, 29 marzo 2020, p. 10)。

(32) 教皇フランシスコ「北マケドニア訪問時、ミサ説教（スコピエ、二〇一九年五月七日）」(*L'Osservatore Romano*, 8 maggio 2019, p. 12)。

(33) ウェルギリウス『アエネーイス』(*Aeneis*, I, 462)「ここにも描かれて人間の、悲運は涙をさそい出し、心の底を深く打つ（Sunt lacrimae rerum et mentem mortalia tangent)」（泉井久之助訳『アエネーイス（上）』岩波書店、一九七六年、五一頁）参照。

(34) "Historia [···] magistra vitae"（キケロ『弁論家について』[*De Oratore*, 2, 36（大西英文訳『弁論家について（上）』岩波書店、二〇〇五年、一八九頁）]）。

(35) 教皇フランシスコ回勅『ラウダート・シ――ともに暮らす家を大切に（二〇一五年五月二十四日）』204（*Laudato*

si': AAS 107 [2015], 928)。

(36) 教皇フランシスコシノドス後の使徒的勧告『キリストは生きている(二〇一九年三月二十五日)』91(*Christus vivit*)。

(37) 同92。

(38) 同93。

(39) 教皇ベネディクト十六世「第九十九回世界難民移住移動者の日メッセージ(二〇一二年十月十二日)」(AAS 104 [2012], 908)。

(40) 教皇フランシスコシノドス後の使徒的勧告『キリストは生きている(二〇一九年三月二十五日)』92(*Christus vivit*)。

(41) 教皇フランシスコ「第一〇六回世界難民移住移動者の日メッセージ(二〇二〇年五月十三日)」(*L'Osservatore Romano*, 16 maggio 2020, p. 8)。

(42) 教皇フランシスコ「駐バチカン外交団との新年賀詞交歓会でのあいさつ(二〇一六年一月十一日)」(AAS 108 [2016], 124)。

(43) 教皇フランシスコ「駐バチカン外交団との新年賀詞交歓会でのあいさつ(二〇一四年一月十三日)」(AAS 106 [2014], 84)。

(44) 教皇フランシスコ「駐バチカン外交団との新年賀詞交歓会でのあいさつ(二〇一六年一月十一日)」(AAS 108 [2016], 123)。

(45) 教皇フランシスコ「第一〇五回世界難民移住移動者の日メッセージ(二〇一九年五月二十七日)」(*L'Osservatore*

Romano, 27-28 maggio 2019, p. 8）。

（46）教皇フランシスコシノドス後の使徒的勧告『キリストは生きている（二〇一九年三月二十五日）』88（*Christus vivit*）。

（47）同89。

（48）教皇フランシスコ使徒的勧告『喜びに喜べ――現代世界における聖性（二〇一八年三月十九日）』115（*Gaudete et exsultate*）。

（49）ヴィム・ヴェンダース監督作品、映画 *Pope Francis – A man of His Word. Hope is a Universal Message*（二〇一八年）より。

（50）教皇フランシスコ「エストニア訪問時、要人および外交団へのあいさつ（タリン、二〇一八年九月二十五日）」（*L'Osservatore Romano*, 27 settembre 2018, p. 7）。

（51）教皇フランシスコ「パンデミックの渦中での特別な祈りの式におけるウルビ・エト・オルビのメッセージ（二〇二〇年三月二十七日）」（*L'Osservatore Romano*, 29 marzo 2020, p. 10）、「第四回貧しい人のための世界祈願日メッセージ（二〇二〇年六月十三日）」6（*L'Osservatore Romano*, 14 giugno 2020, p. 8）参照。

（52）教皇フランシスコ「キューバ訪問時、パードレ・フェリックス・ヴァレラ文化センターでの若者へのあいさつ（ハバナ、二〇一五年九月二十日）」（*L'Osservatore Romano*, 21-22 settembre 2015, p. 6）。

第二章

（53）第二バチカン公会議『現代世界憲章』1（*Gaudium et spes*）。

（54）聖イレネオ『異端反駁』（*Adversus haereses*, II, 25, 2: PG 7/1, 798-s［大貫隆訳『キリスト教教父著作集2／II　エ

(55) イレナイオス2 異端反駁II』教文館、二〇一七年、一一七頁])。
(56) バビロニア版タルムード「シャバット」31a。
(57) 教皇フランシスコ「エストニア訪問時、教会慈善活動の支援受益者との集いでのあいさつ(タリン、二〇一八年九月二十五日)」(*L'Osservatore Romano*, 27 settembre 2018, p. 8)。
(58) 教皇フランシスコ「TED二〇一七カンファレンスへのビデオメッセージ(二〇一七年四月二十六日)」(*L'Osservatore Romano*, 27 aprile 2017, p. 7)。
(59) 聖ヨハネ・クリゾストモ『マタイ福音書講話』(*Homiliae in Matthaeum*, 50, 3-4: PG 58, 508)。
(60) 教皇フランシスコ「米国カリフォルニアでの草の根運動集会あてメッセージ(二〇一七年二月十日)」(AAS 109 [2017], 291)。
(61) 教皇フランシスコ使徒的勧告『福音の喜び(二〇一三年十一月二十四日)』235(*Evangelii gaudium*: AAS 105 [2013], 1115)。
聖ヨハネ・パウロ二世「ドイツ訪問時、お告げの祈り前に障害者にあてたメッセージ(オスナブリュック、一九八〇年十一月十六日)」(*Insegnamenti*, III, 2 [1980], 1232)。

第三章

(62) 第二バチカン公会議『現代世界憲章』24(*Gaudium et spes*)。
(63) ガブリエル・マルセル『拒絶から祈願へ』(*Du refus à l'invocation*, éd. N.R.F., Paris, 1940, p. 50 [竹下敬次・伊藤晃訳『マルセル著作集3』春秋社、一九六八年、四三頁])。

（64）教皇フランシスコ「お告げの祈り前の講話（二〇一九年十一月十日）」（*L'Osservatore Romano*, 11-12 novembre 2019, p. 8）。

（65）聖トマス・アクィナス『命題集註解』（*Scriptum super sententiis*, lib. 3, dist. 27, q. 1, a. 1. ad 4）参照。“Dicitur amor extasim facere, et fervere, quia quod fervet extra se bullit, et exhalat”.

（66）カロル・ヴォイティワ（後の聖ヨハネ・パウロ二世）『愛と責任』（*Miłość i odpowiedzialność*, Kraków 1962, s. 114［石脇慶総訳『愛と責任』、エンデルレ書店、一九八二年、一七一頁］）。

（67）カール・ラーナー『小教会暦――祝祭の環を巡る道』（*Kleines Kirchenjahr. Ein Gang durch den Festkreis*, Herder, Freiburg i. Br. 1981, S. 30）。

（68）聖ベネディクト『戒律』（*Regula* 53, 15［古田暁訳『聖ベネディクトの戒律』すえもりブックス、二〇〇〇年、二一五頁］）。“Pauperum et peregrinorum maxime susceptioni cura sollicite exhibeatur”.

（69）聖トマス・アクィナス『神学大全』（*Summa Theologiae* II-II, q. 23, art. 7［稲垣良典訳、『神学大全16』創文社、一九八七年、一四三頁］）、聖アウグスティヌス『ユリアヌス駁論』（*Contra Julianum*, 4, 18: PL 44, 748）「金銭を愛する人たちが……財産を殖やす欲望によって、あるいは財産を減らす恐れによって、どれほど快楽を抑えているのか」（金子晴勇訳『アウグスティヌス著作集　第30巻――ペラギウス派駁論集(4)』教文館、二〇〇二年、二〇七頁）参照。

（70）“Secundum acceptionem divinam”（聖トマス・アクィナス『命題集註解』［*Scriptum super Sententiis*, lib. 3, dist. 27,. a. 1, q. 1, concl. 4］）。

（71）教皇ベネディクト十六世回勅『神は愛（二〇〇五年十二月二十五日）』15（*Deus caritas est*: AAS 98 [2006], 230）。

(72) 聖トマス・アクィナス『神学大全』(*Summa Theologiae*, II-II, q. 27, art. 2, resp.〔稲垣良典訳『神学大全16』創文社、一九八七年、二八八頁〕)。

(73) 同(*Ibid.*, I-II, q. 26, art. 3, resp.〔森啓訳『神学大全10』創文社、一九九五年、六二頁〕)。

(74) 同(*Ibid.*, q. 110, art. 1, resp.〔稲垣良典訳『神学大全14』創文社、一九八九年、一〇七―一〇八頁〕)。

(75) 教皇フランシスコ「第四十七回(二〇一三年十二月八日)世界平和の日メッセージ」1(AAS 106 [2014], 22)。

(76) 教皇フランシスコ「お告げの祈り前の講話(二〇一三年十二月二十九日)」(*L'Osservatore Romano*, 30-31 dicembre 2013, p. 7)、「駐バチカン外交団との新年賀詞交歓会でのあいさつ(二〇一五年一月十二日)」(AAS 107 [2015], 165)参照。

(77) 教皇フランシスコ「国際障害者デーにあたってのメッセージ(二〇一九年十二月三日)」(*L'Osservatore Romano*, 4 dicembre 2019, p. 7)。

(78) 教皇フランシスコ「米国訪問時、ヒスパニックほか移民との信教の自由を求めた集いでの講話(フィラデルフィア、二〇一五年九月二十六日)」(AAS 107 [2015], 1050-1051)。

(79) 教皇フランシスコ「日本訪問時、青年との集いでの講話(東京、二〇一九年十一月二十五日)」(*L'Osservatore Romano*, 25-26 novembre 2019, p. 10)。

(80) こうした考察については、ポール・リクールの思想「仲間と隣人(Le socius et le prochain)」(『歴史と真実』〔*Histoire et vérité*, ed. du Seuil, Paris 1967, 113-127〕所収)に着想を得ている。

(81) 教皇フランシスコ使徒的勧告『福音の喜び(二〇一三年十一月二十四日)』190(*Evangelii gaudium*: AAS 105

[2013], 1100)。

(82) 同209(AAS 105 [2013], 1107)。

(83) 教皇フランシスコ回勅『ラウダート・シ――ともに暮らす家を大切に(二〇一五年五月二十四日)』129(*Laudato si'*: AAS 107 [2015], 899)。

(84) 教皇フランシスコ「企画行事「エコノミー・オブ・フランチェスコ」へのメッセージ(二〇一九年五月一日)」(*L'Osservatore Romano*, 12 maggio 2019, p. 8)。

(85) 教皇フランシスコ「欧州議会での演説(ストラスブール、二〇一四年十一月二十五日)」(AAS 106 [2014], 997)。

(86) 教皇フランシスコ回勅『ラウダート・シ――ともに暮らす家を大切に(二〇一五年五月二十四日)』229(*Laudato si'*: AAS 107 [2015], 937)。

(87) 教皇フランシスコ「第四十九回(二〇一六年)世界平和の日メッセージ(二〇一五年十二月八日)」6(AAS 108 [2016], 57-58)。

(88) 堅固さ(スペイン語 solidez)は、語源的に solidaridad(連帯/団結)と結びついている。ここ二百年で獲得した倫理的・政治的意味での連帯/団結は、確実堅固な社会構造を生み出している。

(89) 教皇フランシスコ「キューバ訪問時、ミサ説教(ハバナ、二〇一五年九月二十日)」(*L'Osservatore Romano*, ed. semanal en lengua española, 25 septiembre 2015, p. 3)。

(90) 教皇フランシスコ「草の根市民運動国際大会参加者への講話(二〇一四年十月二十八日)」(AAS 106 [2014], 851-852)。

(91) 聖大バジリオ「講話二十一　世俗のものから離れること」（*Homilia XXI Quod rebus mundanis adhaerendum non sit*, 3.5: PG 31, 545-549）、同「修道士小規定」（*Regulae brevius tractatae*, 92: PG 31, 1145-1148）、聖ペトロ・クリソロゴ「講話一二三」（*Sermo* 123: PL 52, 536-540）、聖アンブロジオ「ナボトの物語」（*De Nabuthe*, 27. 52: PL 14, 738s［小高毅訳『原典古代キリスト教思想史③ラテン教父』教文館、二〇〇一年、所収］）、聖アウグスティヌス「ヨハネ福音書註解」（*In Iohannis Evangelium*, 6, 25: PL 35, 1436s［泉治典、水落健治訳『アウグスティヌス著作集第23巻——ヨハネによる福音書講解説教⑴』教文館、一九九三年、一一六—一一八頁］）参照。

(92) 聖ヨハネ・クリゾストモ「ラザロについて」（*De Lazaro Concio*, II, 6: PG 48, 992D）。

(93) 聖大グレゴリオ「司牧規定」（*Regula pastoralis*, III, 21: PL 77, 87）。

(94) 聖ヨハネ・パウロ二世回勅『新しい課題——教会と社会の百年をふりかえって（一九九一年五月一日）』31（*Centesimus annus*: AAS 83 [1991], 831）。

(95) 教皇フランシスコ回勅『ラウダート・シ——ともに暮らす家を大切に（二〇一五年五月二十四日）』93（*Laudato si'*: AAS 107 [2015], 884）。

(96) 聖ヨハネ・パウロ二世回勅『働くことについて（一九八一年九月十四日）』19（*Laborem exercens*: AAS 73 [1981], 626）。

(97) 教皇庁正義と平和評議会『教会の社会教説綱要』172参照。

(98) 聖パウロ六世回勅『ポプロールム・プログレシオ（一九六七年三月二十六日）』22（*Populorum progressio*: AAS 59 [1967], 268）。

(99) 聖ヨハネ・パウロ二世回勅『真の開発とは（一九八七年十二月三十日）』33（*Sollicitudo rei socialis*: AAS 80

[1988], 557）。

(100) 教皇フランシスコ回勅『ラウダート・シ――ともに暮らす家を大切に（二〇一五年五月二十四日）』95（*Laudato si'*: AAS 107 [2015], 885）。

(101) 同129（AAS 107 [2015], 889）。

(102) 聖パウロ六世回勅『ポプロールム・プログレシオ（一九六七年三月二十六日）』15（*Populorum progressio*: AAS 59 [1967], 265）、教皇ベネディクト十六世『真理に根ざした愛（二〇〇九年六月二十九日）』16（*Caritas in veritate*: AAS 101 [2009], 652）参照。

(103) 教皇フランシスコ回勅『ラウダート・シ――ともに暮らす家を大切に（二〇一五年五月二十四日）』93（*Laudato si'*: AAS 107 [2015], 884-885）、使徒的勧告『福音の喜び（二〇一三年十一月二十四日）』189―190（*Evangelii gaudium*: AAS 105 [2013], 1099-1100）参照。

(104) 米国司教協議会、人種差別に関する司牧書簡「心を広く開け放つ――愛への終わりなき呼びかけ（二〇一八年十一月）」（*Open Wide Our Hearts: The Enduring Call to Love*）。

(105) 教皇フランシスコ回勅『ラウダート・シ――ともに暮らす家を大切に（二〇一五年五月二十四日）』51（*Laudato si'*: AAS 107 [2015], 867）。

(106) 教皇ベネディクト十六世回勅『真理に根ざした愛（二〇〇九年六月二十九日）』6（*Caritas in veritate*: AAS 101 [2009], 644）参照。

(107) 聖ヨハネ・パウロ二世回勅『新しい課題――教会と社会の百年をふりかえって（一九九一年五月一日）』35（*Centesimus annus*: AAS 83 [1991], 838）。

(108) 教皇フランシスコ「日本訪問時、核兵器についてのメッセージ（長崎、二〇一九年十一月二十四日）」（*L'Osservatore Romano*, 25-26 novembre 2019, p. 6）。

第四章

(109) メキシコ司教協議会／米国司教協議会、移民に関する共同司牧書簡「もはやよそ者ではない――ともに希望の歩みを（二〇〇三年一月）」（*Strangers No Longer: Together on the Journey of Hope*）参照。

(110) 教皇フランシスコ「一般謁見講話（二〇一九年四月三日）」（*L'Osservatore Romano*, 4 aprile 2019, p. 8）。

(111) 教皇フランシスコ「第一〇四回世界難民移住移動者の日メッセージ（二〇一八年一月十四日）」（AAS 109 [2017], 918-923）参照。

(112) 「アブダビ文書」（*L'Osservatore Romano*, 4-5 febbraio 2019, p. 7）。

(113) 教皇フランシスコ「駐バチカン外交団との新年賀詞交歓会でのあいさつ（二〇一六年一月十一日）」（AAS 108 [2016], 124）。

(114) 同（AAS 108 [2016], 122）。

(115) 教皇フランシスコシノドス後の使徒的勧告『キリストは生きている（二〇一九年三月二十五日）』93（*Christus vivit*）。

(116) 同94。

(117) 教皇フランシスコ「ボスニア・ヘルツェゴビナ訪問時、要人へのあいさつ（サラエボ、二〇一五年六月六日）」（*L'Osservatore Romano*, 7 giugno 2015, p. 7）。

(118) 教皇フランシスコ『ラテンアメリカ——エルナン・レイエス・アルカイデとの対話』(*Latinoamérica. Conversaciones con Hernán Reyes Alcaide*, ed. Planeta, Buenos Aires 2017, 105)。
(119) 「アブダビ文書」(*L'Osservatore Romano*, 4-5 febbraio 2019, p. 7)。
(120) 教皇ベネディクト十六世回勅『真理に根ざした愛(二〇〇九年六月二十九日)』67(*Caritas in veritate*: AAS 101 [2009], 700)。
(121) 同60(AAS 101 [2009], 695)。
(122) 同67(AAS 101 [2009], 700)。
(123) 教皇庁正義と平和評議会『教会の社会教説綱要』447。
(124) 教皇フランシスコ使徒的勧告『福音の喜び(二〇一三年十一月二十四日)』234(*Evangelii gaudium*: AAS 105 [2013], 1115)。
(125) 同235(AAS 105 [2013], 1115)。
(126) 同。
(127) 聖ヨハネ・パウロ二世「アルゼンチン訪問時、アルゼンチン文化界代表者へのあいさつ(一九八七年四月十二日)」4(*L'Osservatore Romano*, 14 aprile 1987, p. 7)。
(128) 聖ヨハネ・パウロ二世「教皇庁の枢機卿らへの降誕祭前の講話(一九八四年十二月二十一日)」4(AAS 76 [1984], 506)参照。
(129) 教皇フランシスコシノドス後の使徒的勧告『愛するアマゾン(二〇二〇年二月二日)』37(*Querida Amazonia*)。
(130) ゲオルク・ジンメル「橋と扉——歴史、宗教、芸術、社会についての哲学エセー」(*Brücke und Tür Essays des*

Philosophen zur Geschichte, Religion, Kunst und Gesellschaft, hrsg. von Michael Landmann, Koehler-Verlag, Stuttgart 1957, S. 6［酒田健一、熊沢義宣、杉野正、居安正訳『橋と扉』白水社、二〇二〇年、四二頁］)。

（131） Jaime Hoyos-Vásquez, S.J., "Lógica de las relaciones sociales. Reflexión onto-lógica（社会関係論——存在論的考察）", en Revista Universitas Philosophica, 15-16, Bogotá (diciembre 1990 - junio 1991), 95-106 参照。

第五章

（132） Antonio Spadaro, S.J., "Le orme di un pastore. Una conversazione con Papa Francesco（ある牧者の足跡——教皇フランシスコとの対談）", in Jorge Mario Bergoglio/Papa Francesco, *Nei tuoi occhi è la mia parola. Omelie e discorsi di Buenos Aires* 1999-2013（ホルヘ・マリオ・ベルゴリオ［教皇フランシスコ］『あなたの耳にわたしのことばを——ブエノスアイレス時代の説教と講話』), Rizzoli, Milano 2016, XVI. 教皇フランシスコ使徒的勧告『福音の喜び（二〇一三年十一月二十四日）』220—221（*Evangelii gaudium*: AAS 105 [2013], 1110-1111）参照。

（133） 教皇フランシスコ使徒的勧告『福音の喜び（二〇一三年十一月二十四日）』204（*Evangelii gaudium*: AAS 105 [2013], 1106)。

（134） 同（AAS 105 [2013], 1105-1106）参照。

（135） 同202（AAS 105 [2013], 1105)。

（136） 教皇フランシスコ回勅『ラウダート・シ——ともに暮らす家を大切に（二〇一五年五月二十四日）』128（*Laudato si'*: AAS 107 [2015], 898)。

（137） 教皇フランシスコ「駐バチカン外交団との新年賀詞交歓会でのあいさつ（二〇一五年一月十二日）」（AAS 107

[2015], 165)。同「草の根市民運動国際大会参加者への講話（二〇一四年十月二十八日）」（AAS 106 [2014], 851-859）参照。

(138) 同様のことは、「神の国」という聖書的なカテゴリーについてもいえる。

(139) ポール・リクール『歴史と真実』（*Histoire et vérité*, ed. du Seuil, Paris 1967, 122）。

(140) 教皇フランシスコ回勅『ラウダート・シ――ともに暮らす家を大切に（二〇一五年五月二十四日）』129（*Laudato si'*: AAS 107 [2015], 899）。

(141) 教皇ベネディクト十六世回勅『真理に根ざした愛（二〇〇九年六月二十九日）』35（*Caritas in veritate*: AAS 101 [2009], 670）。

(142) 教皇フランシスコ「草の根市民運動国際大会参加者への講話（二〇一四年十月二十八日）」（AAS 106 [2014], 858）。

(143) 同。

(144) 教皇フランシスコ「草の根市民運動国際大会参加者への講話（二〇一六年十一月五日）」（*L'Osservatore Romano*, ed. semanal en lengua española, 11 noviembre 2016, p. 6）。

(145) 同（*Ibid.*, p. 8）。

(146) 同。

(147) 教皇フランシスコ回勅『ラウダート・シ――ともに暮らす家を大切に（二〇一五年五月二十四日）』189（*Laudato si'*: AAS 107 [2015], 922）。

(148) 教皇フランシスコ「米国訪問時、国連総会での演説（ニューヨーク、二〇一五年九月二十五日）」（AAS 107

[2015], 1037）。

（149）教皇フランシスコ回勅『ラウダート・シ——ともに暮らす家を大切に（二〇一五年五月二十四日）』175（*Laudato si'*: AAS 107 [2015], 916-917）。

（150）教皇ベネディクト十六世回勅『真理に根ざした愛（二〇〇九年六月二十九日）』67（*Caritas in veritate*: AAS 101 [2009], 700-701）参照。

（151）同（AAS 101 [2009], 700）。

（152）教皇庁正義と平和評議会『教会の社会教説綱要』434。

（153）教皇フランシスコ「米国訪問時、国連総会での演説（ニューヨーク、二〇一五年九月二十五日）」（AAS 107 [2015], 1037. 1041）。

（154）教皇庁正義と平和評議会『教会の社会教説綱要』437。

（155）聖ヨハネ・パウロ二世「二〇〇四年（第三十七回）世界平和の日メッセージ（二〇〇三年十二月八日）」（AAS 96 [2004], 117）。

（156）教皇庁正義と平和評議会『教会の社会教説綱要』439。

（157）フランス社会司教委員会、宣言「政治の復権（一九九九年二月十七日）」（*Réhabiliter la politique*）参照。

（158）教皇フランシスコ回勅『ラウダート・シ——ともに暮らす家を大切に（二〇一五年五月二十四日）』189（*Laudato si'*: AAS 107 [2015], 922）。

（159）同196（AAS 107 [2015], 925）。

（160）同197（AAS 107 [2015], 925）。

(161) 同181（AAS 107 [2015], 919）。

(162) 同178（AAS 107 [2015], 918）。

(163) ポルトガル司教協議会司牧書簡「共通善のための連帯責任（二〇〇三年九月十五日）」20（*Responsabilidade solidária pelo bem comum*）。教皇フランシスコ回勅『ラウダート・シ――ともに暮らす家を大切に（二〇一五年五月二十四日）』159（*Laudato si'*: AAS 107 [2015], 911）参照。

(164) 教皇フランシスコ回勅『ラウダート・シ――ともに暮らす家を大切に（二〇一五年五月二十四日）』191（*Laudato si'*: AAS 107 [2015], 923）。

(165) 教皇ピオ十一世「イタリア・カトリック大学連盟への講話（一九二七年十二月十八日）」3（*L'Osservatore Romano*, 23 dicembre 1927）。

(166) 教皇ピオ十一世回勅『クアドラジェジモ・アンノ（一九三一年五月十五日）』88（*Quadragesimo anno*: AAS 23 [1931], 206-207）参照。

(167) 教皇フランシスコ使徒的勧告『福音の喜び（二〇一三年十一月二十四日）』205（*Evangelii gaudium*: AAS 105 [2013], 1106）。

(168) 教皇ベネディクト十六世回勅『真理に根ざした愛（二〇〇九年六月二十九日）』2（*Caritas in veritate*: AAS 101 [2009], 642）。

(169) 教皇フランシスコ回勅『ラウダート・シ――ともに暮らす家を大切に（二〇一五年五月二十四日）』231（*Laudato si'*: AAS 107 [2015], 937）。

(170) 教皇ベネディクト十六世回勅『真理に根ざした愛（二〇〇九年六月二十九日）』2（*Caritas in veritate*: AAS 101

[2009], 642)。

(171) 教皇庁正義と平和評議会『教会の社会教説綱要』207。

(172) 聖ヨハネ・パウロ二世回勅『人間のあがない主（一九七九年三月四日）』15（*Redemptor hominis*: AAS 71 [1979], 288)。

(173) 聖パウロ六世回勅『ポプロールム・プログレシオ（一九六七年三月二十六日）』44（*Populorum progressio*: AAS 59 [1967], 279）参照。

(174) 教皇庁正義と平和評議会『教会の社会教説綱要』207。

(175) 教皇ベネディクト十六世回勅『真理に根ざした愛（二〇〇九年六月二十九日）』2（*Caritas in veritate*: AAS 101 [2009], 642)。

(176) 同3（AAS 101 [2009] 643)。

(177) 同4（AAS 101 [2009] 643)。

(178) 同。

(179) 同3（AAS 101 [2009] 643)。

(180) 同（AAS 101 [2009] 642)。

(181) 聖トマス・アクィナスの教えに沿った、「引き起こされた」行為と「命じられた」行為を区別する、カトリックの倫理教義。聖トマス・アクィナス『神学大全』（*Summa Theologiae*, I-II, q. 8-17［高田三郎、村上武子訳『神学大全9』創文社、一九九六年、一九三頁］)、Marcellino Zalba, S.J., *Theologiae moralis summa. Theologia moralis fundamentalis. Tractatus de virtutibus theologicis*（倫理神学大全――基礎倫理神学、神学的徳の論考), ed. BAC,

Madrid 1952, vol. 1, 69; Antonio Royo Marín, O.P., *Teología de la perfección cristiana*（キリスト者の完徳の神学）, ed. BAC, Madrid 1962, 192-196 参照。

(182) 教皇庁正義と平和評議会『教会の社会教説綱要』208。

(183) 聖ヨハネ・パウロ二世回勅『真の開発とは（一九八七年十二月三十日）』42（*Sollicitudo rei socialis*: AAS 80 [1988], 572-574）、同回勅『新しい課題——教会と社会の百年をふりかえって（一九九一年五月一日）』11（*Centesimus annus*: AAS 83 [1991], 806-807）参照。

(184) 教皇フランシスコ「草の根市民運動国際大会参加者への講話（二〇一四年十月二十八日）」（AAS 106 [2014], 852）。

(185) 教皇フランシスコ「欧州議会での演説（ストラスブール、二〇一四年十一月二十五日）」（AAS 106 [2014], 999）。

(186) 教皇フランシスコ「中央アフリカ共和国訪問時、要人および外交団へのあいさつ（バンギ、二〇一五年十一月二十九日）」（AAS 107 [2015], 1320）。

(187) 教皇フランシスコ「米国訪問時、国連総会での演説（ニューヨーク、二〇一五年九月二十五日）」（AAS 107 [2015], 1039）。

(188) 教皇フランシスコ「草の根市民運動国際大会参加者への講話（二〇一四年十月二十八日）」（AAS 106 [2014], 853）。

(189) 「アブダビ文書」（*L'Osservatore Romano*, 4-5 febbraio 2019, p. 6）。

(190) René Voillaume, *Frère de tous*（皆の兄弟）, ed. du Cerf, Paris 1968, pp. 12-13.

（191）教皇フランシスコ「TED二〇一七カンファレンスへのビデオメッセージ（二〇一七年四月二十六日）」（*L'Osservatore Romano*, 27 aprile 2017, p. 7）。

（192）教皇フランシスコ「一般謁見講話（二〇一五年二月十八日）」（*L'Osservatore Romano*, 19 febbraio 2015, p. 8）。

（193）教皇フランシスコ使徒的勧告『福音の喜び（二〇一三年十一月二十四日）』274（*Evangelii gaudium*: AAS 105 [2013], 1130）。

（194）同279（AAS 105 [2013], 1132）。

（195）教皇フランシスコ「第五十二回（二〇一九年）世界平和の日メッセージ（二〇一八年十二月八日）」5（*L'Osservatore Romano*, 19 dicembre 2018, p. 8）。

第六章

（196）教皇フランシスコ「ブラジル訪問時、各界指導者との集いでのあいさつ（リオデジャネイロ、二〇一三年七月二十七日）」（AAS 105 [2013], 683-684）。

（197）教皇フランシスコシノドス後の使徒的勧告『愛するアマゾン（二〇二〇年二月二日）』108（*Querida Amazonia*）。

（198）ヴィム・ヴェンダース監督作品、映画 *Pope Francis – A man of His Word. Hope is a Universal Message*（二〇一八年）より。

（199）教皇フランシスコ「第四十八回（二〇一四年）世界広報の日メッセージ（二〇一四年一月二十四日）」（AAS 106 [2014], 113）。

（200）オーストラリア司教協議会社会正義委員会「実現していく——現代のデジタル世界における真の人間的出会い

（二〇一九年十一月）」5（*Making it Real: Genuine Human Encounter in our Digital World*）。

（201）教皇フランシスコ回勅『ラウダート・シ――ともに暮らす家を大切に（二〇一五年五月二十四日）』123（*Laudato si'*: AAS 107 [2015], 896）。

（202）聖ヨハネ・パウロ二世回勅『真理の輝き（一九九三年八月六日）』96（*Veritatis splendor*: AAS 85 [1993], 1209）。

（203）わたしたちキリスト者は、神が恵みを与えてくださるのは、わたしたちが兄弟姉妹として行動できるようになるためだということも信じている。

（204）Vinicius De Moraes, *Samba da Bênção*（祝福のサンバ）, no disco *Um encontro no Au bon Gourmet*（音楽アルバム『アウボングルメでのデート』収録）, Rio de Janeiro (2 sierpnia 1962).

（205）教皇フランシスコ使徒的勧告『福音の喜び（二〇一三年十一月二十四日）』237（*Evangelii gaudium*: AAS 105 [2013], 1116）。

（206）同236（AAS 105 [2013], 1115）。

（207）同218（AAS 105 [2013], 1110）。

（208）教皇フランシスコシノドス後の使徒的勧告『愛のよろこび（二〇一六年三月十九日）』100（*Amoris laetitia*: AAS 108 [2016], 351）。

第七章

（209）教皇フランシスコ「第五十三回（二〇二〇年）世界平和の日メッセージ（二〇一九年十二月八日）」2（*L'Osservatore Romano*, 13 dicembre 2019, p. 8）。

(210) コンゴ司教協議会「神の民と善意の人へのメッセージ（二〇一八年五月九日）」（*Message au Peuple de Dieu et aux femmes et aux hommes de bonne volonté*）。

(211) 教皇フランシスコ「コロンビア訪問時、国内の和解のための祈りの集いでの講話（ビジャビセンシオ、二〇一七年九月八日）」（AAS 109 [2017], 1063-1064. 1066）。

(212) 教皇フランシスコ「第五十三回（二〇二〇年）世界平和の日メッセージ（二〇一九年十二月八日）」3（*L'Osservatore Romano*, 13 dicembre 2019, p. 8）。

(213) 南アフリカ司教協議会司牧書簡「現代の危機の中でのキリスト者の希望に関して（一九八六年五月）」（*Christian Hope in the Current Crisis*）。

(214) 韓国司教協議会「朝鮮半島の平和ための韓国カトリック教会のアピール（二〇一七年八月十五日）」（*Appeal of the Catholic Church in Korea for Peace on the Korean Peninsula*）。

(215) 教皇フランシスコ「エクアドル訪問時、各界指導者との集いでのあいさつ（キト、二〇一七年七月七日）」（*L'Osservatore Romano*, 9 luglio 2015, p. 9）。

(216) 教皇フランシスコ「モザンビーク訪問時、若者との諸宗教集会での講話（マプト、二〇一九年九月五日）」（*L'Osservatore Romano*, 6 settembre 2019, p. 7）。

(217) 教皇フランシスコ「コロンビア訪問時、ミサ説教（カルタヘナ、二〇一七年九月十日）」（AAS 109 [2017], 1086）。

(218) 教皇フランシスコ「コロンビア訪問時、要人、外交団、各界指導者へのあいさつ（ボゴタ、二〇一七年九月七日）」（AAS 109 [2017], 1029）。

(219) コロンビア司教協議会「コロンビアのために――対話、和解、全人的発展(二〇一九年十一月二十六日)」(*Por el bien de Colombia: diálogo, reconciliación y desarrollo integral*) 4。

(220) 教皇フランシスコ「モザンビーク訪問時、要人、外交団、各界指導者へのあいさつ(マプト、二〇一九年九月五日)」(*L'Osservatore Romano*, 6 settembre 2019, p. 6)。

(221) 第五回ラテンアメリカ・カリブ司教協議会総会「アパレシーダ文書(二〇〇七年六月二十九日)」(*Documento de Aparecida*) 398。

(222) 教皇フランシスコ使徒的勧告『福音の喜び(二〇一三年十一月二十四日)』59(*Evangelii gaudium*: AAS 105 [2013], 1044)。

(223) 聖ヨハネ・パウロ二世回勅『新しい課題――教会と社会の百年をふりかえって(一九九一年五月一日)』14(*Centesimus annus*: AAS 83 [1991], 810)。

(224) 教皇フランシスコ「モザンビーク訪問時、民の発展を願うミサ説教(マプト、二〇一九年九月六日)」(*L'Osservatore Romano*, 7 settembre 2019, p. 8)。

(225) 教皇フランシスコ「スリランカ訪問時、歓迎式典でのあいさつ(コロンボ、二〇一五年一月十三日)」(*L'Osservatore Romano*, 14 gennaio 2015, p. 7)

(226) 教皇フランシスコ「アルバニア訪問時、ベタニアセンターの子どもたちとその他アルバニアの慈善団体の支援受益者との集いでのあいさつ(ティラナ、二〇一四年九月二十一日)」(*Insegnamenti*, II, 2 [2014], 288)。

(227) 教皇フランシスコ「TED二〇一七カンファレンスへのビデオメッセージ(二〇一七年四月二十六日)」(*L'Osservatore Romano*, 27 aprile 2017, p. 7)。

（228）教皇ピオ十一世回勅『クアドラジェジモ・アンノ（一九三一年五月十五日）』114（*Quadragesimo anno*: AAS 23 [1931], 213）。

（229）教皇フランシスコ使徒的勧告『福音の喜び（二〇一三年十一月二十四日）』228（*Evangelii gaudium*: AAS 105 [2013], 1113）。

（230）教皇フランシスコ「リトアニア訪問時、要人、外交団、各界指導者へのあいさつ（リガ、二〇一八年九月二十四日）」（*L'Osservatore Romano*, 24-25 settembre 2018, p. 7）。

（231）教皇フランシスコ「イスラエル訪問時、歓迎式典でのあいさつ（テルアビブ、二〇一四年五月二十五日）」（*Insegnamenti*, II, 1 [2014], 604）。

（232）教皇フランシスコ「イスラエル訪問時、ヤド・ヴァシェム（ホロコースト記念館）でのスピーチ（二〇一四年五月二十六日）」（AAS 106 [2014], 228）。

（233）教皇フランシスコ「日本訪問時、平和のための集いでの講話（広島、二〇一九年十一月二十四日）」（*L'Osservatore Romano*, 25-26 novembre 2019, p. 8）。

（234）教皇フランシスコ「第五十三回（二〇二〇年）世界平和の日メッセージ（二〇一九年十二月八日）」2（*L'Osservatore Romano*, 13 dicembre 2019, p. 8）。

（235）クロアチア司教協議会「第二次世界大戦終結五十周年書簡（一九九五年五月一日）」（*Letter on the Fiftieth Anniversary of the End of the Second World War*）。

（236）教皇フランシスコ「ヨルダン訪問時、ミサ説教（アンマン、二〇一四年五月二十四日）」（*Insegnamenti*, II, 1 [2014], 593）。

(237) 教皇フランシスコ「二〇二〇年(第五十三回)世界平和の日メッセージ(二〇一九年十二月八日)」1(*L'Osservatore Romano*, 13 dicembre 2019, p. 8)。

(238) 教皇フランシスコ「米国訪問時、国連総会での演説(ニューヨーク、二〇一五年九月二十五日)」(AAS 107 [2015], 1041)。

(239) 『カトリック教会のカテキズム』2309。

(240) 同。

(241) 教皇フランシスコ回勅『ラウダート・シ——ともに暮らす家を大切に(二〇一五年五月二十四日)』104(*Laudato si'*: AAS 107 [2015], 888)。

(242) 今日はもはや支持されていない「正戦」の理念を練り上げた聖アウグスティヌスでさえ、「人間を刀剣でもって殺すよりも戦争そのものをことばによって殺すほうが、また平和を戦争によってではなく平和〔的手段〕によって獲得し実現するほうが、いっそう大きな栄誉に値します」(「書簡二二九」*Epistula* 229, 2: PL 33, 1020〔金子晴勇訳『アウグスティヌス著作集　別巻Ⅱ　書簡集2』教文館、三七二頁〕)と述べている。

(243) 聖ヨハネ二十三世回勅『パーチェム・イン・テリス——地上の平和(一九六三年四月十一日)』67(*Pacem in terries*: AAS 55 [1963], 291)参照。

(244) 教皇フランシスコ「核兵器の全面的廃絶に向けた国連の核兵器禁止条約交渉会議あてメッセージ(二〇一七年三月二十三日)」(AAS 109 [2017], 394-396)。

(245) 聖パウロ六世回勅『ポプロールム・プログレシオ(一九六七年三月二十六日)』51(*Populorum progressio*: AAS 59 [1967], 282)参照。

(246) 聖ヨハネ・パウロ二世回勅『いのちの福音（一九九五年三月二十五日）』56（*Evangelium vitae*: AAS 87 [1995], 463-464）参照。

(247) 教皇フランシスコ「『カトリック教会のカテキズム』公布二十五周年記念講話（二〇一七年十月十一日）」（AAS 109 [2017], 1196）。

(248) 教皇庁教理省「死刑に関する『カトリック教会のカテキズム』2267改訂についての司教への書簡（二〇一八年八月一日）」（*L'Osservatore Romano*, 3 agosto 2018, p. 8）参照。

(249) 教皇フランシスコ「国際刑法学会代表者謁見時の講話（二〇一四年十月二十三日）」（AAS 106 [2014], 840）。

(250) 教皇庁正義と平和評議会『教会の社会教説綱要』402。

(251) 聖ヨハネ・パウロ二世「イタリア司法官協会員謁見時の講話（二〇〇〇年三月三十一日）」4（AAS 92 [2000], 633）。

(252) ラクタンティウス『神学教理』（*Divinae Institutiones* VI, 20, 17: PL 6, 708）。

(253) 教皇ニコラウス一世「書簡九七――ブルガリアの教会への回答」（*Epistula* 97, 25: PL 119, 991）。

(254) 聖アウグスティヌス「マルケリヌスあて書簡」（*Epistula ad Marcellinum*, 133, 1.2: PL 33, 509［金子晴勇訳『アウグスティヌス著作集　別巻II　書簡集2』教文館、二〇一三年、六一―六二頁］）。

(255) 教皇フランシスコ「国際刑法学会代表者謁見時の講話（二〇一四年十月二十三日）」（AAS 106 [2014], 840-841）。

(256) 同（AAS 106 [2014], 842）

(257) 同。

(258) 聖ヨハネ・パウロ二世回勅『いのちの福音(一九九五年三月二十五日)』9 (*Evangelium vitae*: AAS 87 [1995], 411)。

第八章

(259) インドカトリック司教協議会「今日の課題に対するインドにおける教会の対応(二〇一六年三月九日)」(*Response of the Church in India to the Present Day Challenges*)。

(260) 教皇フランシスコ「サンタマルタ館でのミサ説教(二〇二〇年五月十七日)」。

(261) 教皇ベネディクト十六世回勅『真理に根ざした愛(二〇〇九年六月二十九日)』19 (*Caritas in veritate*: AAS 101 [2009], 655)

(262) 聖ヨハネ・パウロ二世回勅『新しい課題——教会と社会の百年をふりかえって(一九九一年五月一日)』44 (*Centesimus annus*: AAS 83 [1991], 849)。

(263) 教皇フランシスコ「アルバニア訪問時、諸宗教者の集いでの講話(ティラナ、二〇一四年九月二十一日)」(*Insegnamenti*, II, 2 [2014], 277)。

(264)「アブダビ文書」(*L'Osservatore Romano*, 4-5 febbraio 2019, p. 6)。

(265) 教皇フランシスコ使徒的勧告『福音の喜び(二〇一三年十一月二十四日)』256 (*Evangelii gaudium*: AAS 105 [2013], 1123)。

(266) 教皇ベネディクト十六世回勅『神は愛(二〇〇五年十二月二十五日)』28 (*Deus caritas est*: AAS 98 [2006], 240)。

(267)「人間は……ポリス的動物である」(アリストテレス『政治学』*Politica*, 1253a 1-3〔神崎繁、相澤康隆、瀬口昌久訳『アリストテレス全集第17巻』岩波書店、二〇一八年、二三頁」）。

(268) 教皇ベネディクト十六世回勅『真理に根ざした愛（二〇〇九年六月二十九日）』11（*Caritas in veritate*: AAS 101 [2009], 648）。

(269) 教皇フランシスコ「ブルガリア訪問時、カトリック共同体への講話（ラコヴスキ、二〇一九年五月六日）」（*L'Osservatore Romano*, 8 maggio 2019, p. 9）。

(270) 教皇フランシスコ「キューバ訪問時、ミサ説教（サンティアゴ、二〇一五年九月二十二日）」（AAS 107 [2015], 1005）。

(271) 第二バチカン公会議『キリスト教以外の諸宗教に対する教会の態度についての宣言』2（*Nostra aetate*）。

(272) 教皇フランシスコ「リトアニア訪問時、エキュメニカルな集いでの講話（リガ、二〇一八年九月二十四日）」（*L'Osservatore Romano*, 24-25 settembre 2018, p. 8）。

(273) 教皇フランシスコ「教皇庁立ラテラン大学でのレクツィオ・ディヴィナ講話（二〇一九年三月二十六日）」（*L'Osservatore Romano*, 27 marzo 2019, p. 10）。

(274) 聖パウロ六世回勅『エクレジアム・スアム（一九六四年八月六日）』101（*Ecclesiam suam*: AAS 56 [1964], 650）。

(275) 教皇フランシスコ「パレスチナ訪問時、パレスチナ要人へのあいさつ（ベツレヘム、二〇一四年五月二十五日）」（*Insegnamenti*, II, 1 [2014], 597）。

(276) 聖アウグスティヌス『詩編註解』（*Enarrationes in Psalmos* 130, 6: PL 37, 1707）。

(277) 「教皇フランシスコ／ヴァルソロメオス総主教共同宣言（エルサレムの聖墳墓教会、二〇一四年五月二十五日）」5（*L'Osservatore Romano*, 26-27 maggio 2014, p. 6）。

（278）ヴィム・ヴェンダース監督作品、映画 *Pope Francis – A man of His Word. Hope is a Universal Message*（二〇一八年）より。

（279）教皇フランシスコシノドス後の使徒的勧告『愛するアマゾン（二〇二〇年二月二日）』106（*Querida Amazonia*）。

（280）教皇フランシスコ「スリランカ訪問時、ミサ説教（コロンボ、二〇一五年一月十四日）」（AAS 107 [2015], 139）。

（281）「アブダビ文書」（*L'Osservatore Romano*, 4-5 febbraio 2019, p. 7）。

（282）教皇フランシスコ「ボスニア・ヘルツェゴビナ訪問時、要人へのあいさつ（サラエボ、二〇一五年六月六日）」（*L'Osservatore Romano*, 7 giugno 2015, p. 7）。

（283）教皇フランシスコ「聖エディジオ共同体主催国際平和集会参加者謁見時の講話（二〇一三年九月三十日）」（*Insegnamenti*, I, 2 [2013], 301-302）。

（284）「アブダビ文書」（*L'Osservatore Romano*, 4-5 febbraio 2019, p. 6）。

（285）同。

（286）福者シャルル・ド・フーコー「主の祈りについての黙想」（*Méditations sur le Notre Père*, 23 janvier 1897）参照。

（287）福者シャルル・ド・フーコー「アンリ・ド・カステリあて書簡（一九〇一年十一月二十九日）」（*Lettre à Henry de Castries*［ジャン＝フランソワ・シックス著、倉田清訳『シャルル・ド・フーコー』聖母の騎士社、一九九八年、一八二頁］）。

（288）福者シャルル・ド・フーコー「ドゥ・ボンディ夫人あて書簡（一九〇二年一月七日）」（*Lettre à Madame de Bondy*）。聖パウロ六世は、彼の功績をたたえ、このことばを引用した（回勅『ポプロールム・プログレシオ

（一九六七年三月二十六日）』12［*Populorum progressio*: AAS 59 [1967], 263］）。

略号

AAS　*Acta Apostolicae Sedis*
FF　*Fonti Francescane*
PG　*Patrologia Graeca*
PL　*Patrologia Latina*

聖書の引用は原則として日本聖書協会『聖書　新共同訳』（二〇〇〇年版）を使用しました。ただし、漢字・仮名の表記は本文に合わせています。その他の訳文の引用に関しては出典を示していますが、引用に際し、一部表現や用字を変更した箇所があります。

付録

共同文書　世界平和と共生のための人類の兄弟愛

序

信仰によって信者は、他者に、支えるべき、愛すべき兄弟を見るようになります。宇宙、生きとし生けるもの、すべての人――神のいつくしみによって等しくされた――を創造された神への信仰から、信じる者は、被造界と全宇宙を大切に守り、一人ひとりを、とりわけもっとも助けを必要としている貧しい人々を支えることを通して、この人類の兄弟愛を表すよう招かれています。

この超越的な価値観を踏まえ、兄弟愛と友情の雰囲気に満ちた多くの会合を通して、わたしたちは現代社会における喜び、悲しみ、問題をさまざまな次元で話し合いました。科学・

技術の進歩、治療医学の発展、デジタル時代、マスメディア、コミュニケーションなどに加え、軍拡競争、社会的不正、汚職、不平等、モラルの低下、テロリズム、差別、過激主義、その他種々の原因による、世界のさまざまな地域で大勢の兄弟姉妹たちが抱える貧困、戦争、苦しみといった次元においても話し合いました。

これまでのこうした兄弟的で誠実な意見交換と、全人類の輝く未来への希望に満ちた会合を通して、この「人類の兄弟愛についての文書」の構想が生まれました。善意と信義を望む共同声明とすべく、真摯に真剣に論じられた文書です。すべての人を兄弟にする神の偉大な恵みの理解によって、新しい世代を相互尊重の文化へと導く手引きとなるよう、神への信仰を心に抱く人々、また人類の兄弟愛を信じるすべての人を、一致してともに働くよう招くものです。

本文

すべての人を、権利、義務、尊厳において平等に創造なさり、地を満たして、そこに善、愛、平和の価値を広めるために、互いに兄弟として生きるよう招いてくださった、神の名によって。

神が、一人を殺した者は全人類を殺したと同じであり、一人のいのちを救う者は全人類のいのちを救ったと同じであると定めることで、そのいのちを奪うことを禁じた、人間の無垢の魂の名によって。

神が、すべての人に、とりわけ、資産家や富裕層に対して、義務として救援を命じておられる、貧しい人、困窮した人、助けを必要とする人、疎外されている人の名によって。

孤児、やもめ、難民、家や故郷を離れることを余儀なくされた人、戦争、迫害、不正のすべての犠牲者、弱者、恐怖のうちに生きる人、戦争捕虜、何であれ世界の各地で拷問に遭う人の名によって。

破壊、崩壊、戦争の犠牲者となり、安全、平和、共生を失った民の名によって。

すべての人を抱擁し、一つに結び、平等にする「人類の兄弟愛」の名によって。

人々の行動や運命を支配しようとする、過激主義と分断の政策、法外な稼ぎを得るシステム、勢いづく憎悪のイデオロギーによって引き裂かれた、この兄弟愛の名によって。

神が、自由な者として創造なさり、それによってそれぞれが違う者とされた、人間すべてに与えておられる、自由の名によって。

幸福の基盤であり、信仰のかなめである、義といつくしみの名によって。
地上のいかなる場所にも存在している、善意あるすべての人の名によって。
神の名によって、そして上記のすべての名によって、アズハル（訳注：カイロにあるイスラム・スンニ派の最高権威）ならびに東西のムスリムと、カトリック教会ならびに東西のカトリック信者は、歩む道としては対話の文化を、行動としては協働を、方法・基準としては相互認識を採択することを宣言します。

わたしたち、神を信じ、終わりの日の神との出会いを信じ、神の裁きを信じる信仰者は、自らの宗教的・倫理的責任を担い、この文書を通して、わたしたち自身と世界の指導者たち、国際政治と世界経済を担う者たちに、寛容、共生、平和の文化を広めるための真摯な取り組み、無辜《むこ》の血が流されるのを止めるいち早い介入、今世界が苦しんでいる戦争、紛争、環境破壊、文化的・倫理的衰退の終結を求めます。

わたしたちは世界中の知識人、哲学者、宗教家、芸術家、報道関係者、文化人に向けて、平和、正義、善、美、人類の兄弟愛、共生の価値を、すべての人にとっての救いの錨《いかり》となる重要な価値と認め、あらゆる場所で広めていくため、再評価するよう求めます。

本声明は、現代社会のありさまを深く熟考したうえで、そのさまざまな成功を評価し、またその苦しみ、惨事、災害をこの身に生きることで確信します。現代世界の危機の最大の原因は、鈍感になった人間の良心と、宗教的価値観の疎外であり、それに加えて個人主義と物質主義的思想――人間を神化し、世俗的で物質的な価値観を至高の超越的原理に置き換えること――の優勢です。

わたしたちは、現代文明が科学、技術、医学、産業、福祉の面で、とりわけ先進国において肯定的に発展したことを認めつつも、そのような優れた価値ある歴史的進歩とともに、国際的な行動を左右する、モラルの低下、霊的価値観や責任感の希薄化をもたらしていることを強調しています。そうしたすべてが社会全体にフラストレーション、孤独感、絶望感を拡散し、多くの者をつまずかせ、無神論や不可知論の過激主義の渦に、宗教的インテグラリズム、過激主義、盲目的ファンダメンタリズムに陥らせ、他の人々をも、個人や集団での依存や自己破壊に屈服させているのです。

歴史を見ると、宗教心やナショナリズムによる過激主義や不寛容は、洋の東西を問わず、世界中に、「散発的な第三次世界大戦」の兆しと呼べるものを生み出してきました。これは、世界の多くの地域で、さまざまな悲劇的状況の中で、残酷な正体を見せ始めています。そこから生じた、犠牲者、寡婦、孤児の数も正確には分からないような状況です。さらに、その他の地域では、不透明感、失望、将来への不安に支配され、目先の経済利益に操られた世界情勢の中、緊張の温床が生じ、武器や弾薬が集められ、新たな紛争地となる準備が進んでいます。

ほかにわたしたちがはっきりと申し上げておきたいことは、深刻な政治危機、不正義、天然資源の公平な分配の欠如――そこから一握りの富裕層が、地上の大多数の民を犠牲にして益を得ています――が、膨大な数の病者、困窮者、死者を生み、今なお生み続けており、多くの国が、天然資源や若年層という資源を自国の特徴としていながらも犠牲となる、致命的な危機を引き起こしているということです。貧困と飢餓のせいで骸骨のようになって死んでゆく数百数千万人の子どもたちを生むそのような危機を前にして、国際社会の許しがたい沈黙が支配しています。

この点からも、家庭が社会と人類を構成する核として、子を産み育て、教育し、確固たる倫理観を授け、家族による庇護を与えるために、いかに大切であるかは明らかです。家庭という枠組みに対する誹謗、軽視、その役割の重要性への疑いは、現代におけるもっとも危険な悪の一つです。

わたしたちはまた、形態や標榜《ひょうぼう》するものにかかわらず、個人主義的・利己的・闘争的風潮、極端な論調、盲目的過激主義に立ち向かうために、健全な教育、そして倫理的価値と宗教の正しい教えに従うことを手段として、宗教心を呼び覚ますことが大切であり、そして新しい世代の心にそれを取り戻すことが必要であると訴えます。

宗教の第一の、そして最大の目的は、神を信じること、神に栄光を帰すこと、そして、この宇宙はそれを治めておられる神にゆだねられていることを信じるよう、すべての人を招くことです。神は、その叡智によってわたしたちをお造りになり、大切に守るようにといのちのたまものを与えてくださった創造主です。このたまものを、好き勝手に奪ったり、危険にさらしたり、利用したりする権利を有する人はいません。むしろ、すべての人はこのたまものを、その始まりから自然の死に至るまで、守り続けなければなりません。ですからわたしたちは、大量殺戮、テロ行為、強制移住、臓器売買、中絶、安楽死など、いのちを脅かすあらゆるもの、そしてこれらを支援する政策を糾弾します。

また、宗教は戦争をあおることも、憎しみ、敵意、過激主義を募らせることも、暴力や流血を招くこともないと、断固として宣言します。こうした惨事を招いたのは、宗教の教えからの逸脱、宗教の政治利用であり、歴史の一時期に一部の宗教グループ――宗教的感情が人々の心に与える影響を悪用して、宗教の真実とは無関係な行いへと誘導し、世俗的で近視眼的な政治的・経済的目的をかなえるようにした者たち——による解釈の結果なのです。それゆえわたしたちは、宗教の名を語って、憎しみ、暴力、過激主義や盲目的狂信をあおるのをやめるよう、そして、殺害、追放、テロ、抑圧の、神の名を借りた正当化をやめるよう、すべての人に求めます。殺害されるため、互いに争うため、また、生き方や境遇をもって拷問にかけられたり辱められたりするために人間は創造されたわけではないという、わたしたちに共通する信仰ゆえにそれを求めるのです。真実、神は、全能者は、ご自分をだれかに擁護してもらう必要はなく、人々を恐れおののかせるためにご自分の名が使われることを望んではおられません。

本文書は、世界平和構築における諸宗教の役割の重要性を強調した過去の国際文書に賛同し、次のことを表明します。

・宗教の真の教えは、平和という価値に強く結ばれるよう、相互理解、人類の兄弟愛、調和的共生の価値を支持するよう、知恵、義、愛を再建するよう、若者に宗教心を取り戻すよう促していることを、わたしたちは確信しています。それは、物質主義的思考の支配から、そして法外な稼ぎを求める強欲や無関心に支配された、法の力ではなく力の法に基づく政治の危険から、新しい世代を守るためです。

•自由は、すべての人の権利です。だれもが信教、思想、表現、行動の自由を享受しています。宗教、肌の色、性、人種、言語の多元性・多様性は神の叡智が望んだことであり、それをもって神は人類を創造しました。この神の叡智を源として、信教の自由と、異なってあることの自由の権利が生じるのです。それゆえ、特定の宗教や特定の文化を信奉するよう強要したり、本人が受け入れていない文化様式を押しつけたりすることは、糾弾されるべきです。

•いつくしみに基づいた義は、すべての人がその権利を有する、尊厳ある生をかなえるための道です。

•対話、理解、寛容と他者の受容と人類の共生を目指す文化の普及、これらは、人類の大多数を悩ませている、経済、社会、政治、環境の多くの問題の解決に大いに貢献するはずです。

•信仰者の間の対話とは、霊的、人間的、社会的価値観の一致する広大な空間の中で出会い、宗教が求める最高の倫理的価値の普及のために、その出会いを生かすことを意味し、また不必要な議論を避けることでもあります。

・礼拝の場（神殿、教会、モスク）の保護は、宗教、人間的価値、法律、国際協定によって是認された義務です。礼拝所を攻撃したり、襲撃や爆破や破壊によって脅かす企てはすべて、宗教の教えからの逸脱であるとともに、明らかな国際法違反です。

・東西も南北も問わず、人々の安全を脅かし、パニック、恐怖、ペシミズムをまき散らす憎むべきテロリズムは、たとえテロリストたちが宗教の名を語ろうが、宗教に起因するものではありません。教典の誤った解釈の積み重ねと、飢餓、貧困、不正、圧迫、傲慢につながる政治によるものです。だからこそ、資金や武器や構想の供給、正当化、さらにはマスコミ報道によるテロ活動の後押しをやめ、これらは皆、世界の安全と平和を脅かす国際犯罪だと捉えなければなりません。このようなテロリズムは、その形態や標榜するものにかかわらず、徹底して非難すべきです。

・「市民権」という概念は、権利と義務が平等であることを基盤としており、そのもとで万人が正義を享受しています。だからこそ、「完全な市民権」の概念をわたしたちの社会に定着させ、孤立感や劣等感を生み出しうる「マイノリティ」ということばを差別的には使用しない努力が求められます。それは対立や軋轢《あつれき》の素地となり、差別によって、一部の市民の発展と、宗教的・市民的権利とを取り上げるのです。

・西洋と東洋の関係は、論じるまでもなく互いにとって必要なもの、かけがえのない、おろそかになどできないものです。文化交流と対話を通して、それぞれが他方の文明によって豊かになるからです。西洋は東洋文明の内に、物質主義の支配によって引き起こされた自らの霊的・宗教的病のいくつかに対する治療法を見いだせるかもしれません。東洋は西洋文明の内に、脆弱《ぜいじゃく》さ、分断、紛争、科学的・技術的・文化的衰退から救われる助けとなる多くの要素を見いだせるかもしれません。東洋において人格、文化、文明の形成に不可欠な要素である、宗教、文化、歴史の相違に注意を払うことも重要です。また、二つの基準《ダブルスタンダード》を用いる政策を避け、東洋と西洋のすべての人に尊厳ある生を保障するために、すべての人の、かつ共通の人権を揺るぎないものにすることが大切です。

・女性の、教育を受ける権利、働く権利、政治参加の権利を公認することは必要不可欠です。さらに、その人自身の信仰と尊厳を尊重するという原理に反する、歴史的、社会的圧力からの解放にも努めなければなりません。また、性的搾取と、快楽や経済利益のために商品や道具として扱うことから保護しなければなりません。そのためには、女性の尊厳を卑しめる非人間的な習慣や俗悪な慣習をすべて断ち切るべきであり、女性が自らの権利を完全に享受するのを妨げる法律を変えるべく働くことが必要です。

・家庭的な環境の中で育ち、養われ、教育を受け、扶養されるという、子どもの基本的権利を擁護することは、家族と社会の義務です。これらの権利は、世界のどの場所のどんな子どもに対しても、欠けることなく否定されず、保障され保護されなければなりません。子どもの尊厳や権利を侵害する、あらゆる行為が非難されなければなりません。また、子どもがさらされる危険、とくにデジタル環境での危険を警戒し、彼らの無垢さを売買したり幼少期を奪うことは犯罪だと認識することも重要です。

・高齢者、弱者、障害者、虐げられている人々の人権の保護は、宗教的かつ社会的要求であり、厳格な法の制定と、関連する国際協定の適用によって保障され擁護されなければなりません。

このために、カトリック教会とアル＝アズハルは、協働作業によって、本文書を公表し、世界中の、権威ある機関、影響力ある指導者、宗教者、関連する地域組織や国際組織、市民社会の諸機関、宗教団体、指導的思想家のもとに届けること、そして本声明の原則が政策、裁定、法文、学習プログラム、報道資料に反映されるよう要望し、すべての地域と国際レベルでこれを普及させるべく努力することを約束いたします。

アル＝アズハルとカトリック教会は、本文書がすべての学校、大学、教育機関、養成機関での研究・考察の対象となることを願っています。善と平和をもたらし、あらゆる地で、虐げられている人、いちばんの弱者の権利を擁護する新しい世代を育てる一助となるためです。

終わりに願います。

本声明が、すべての信仰者どうしで、さらには神を信じる人と信じていない人の間で、そしてすべての善意の人の中で、和解と兄弟愛への招きとなりますように。異常な暴力と盲目的過激主義を拒否する、力強いすべての良心に対するアピール、宗教が促進、奨励している、寛容と兄弟愛という価値を愛する人へのアピールとなりますように。分断された心と心を一つに結び、人間の魂を高く引き上げてくださる、神への信仰の偉大さのあかしとなりますように。

東洋と西洋の、北半球と南半球の抱擁、そして、神はわたしたちを知り合うため、協働するため、愛し合う兄弟として生きるために創造してくださったと信じるすべての人どうしの抱擁のしるしとなりますように。
これこそが、すべての人がこの生の中で享受する普遍の平和の実現のために、わたしたちが望み追求することです。

アブダビ、二〇一九年二月四日

教皇フランシスコ

アル＝アズハルのグランド・イマーム、アフマド・アル・タイーブ

あとがき

教皇フランシスコの三つ目となる回勅 *Fratelli tutti* の邦訳をお届けいたします。

本文で教皇自身が述べているように（回勅5参照）、本回勅の起草には、イスラーム・スンニ派の最高権威機関アル＝アズハルのグランド・イマーム（指導者）、アフマド・アル・タイーブ師から、師と積み重ねた対話から受けた刺激が大きくかかわっています。

二〇一九年二月三日から五日にかけて、教皇はアラブ首長国連邦（UAE）への司牧訪問を行いました。これは、史上初のローマ教皇によるアラビア半島訪問です。

二〇一九年は、十字軍の時代にイスラーム世界との対話を望んだアッシジの聖フランシスコが、スルターン・マリク・アル＝カーミルをエジプトに訪問してから八〇〇年にあたる年です（回勅3参照）。教皇は、この聖フランシスコの進取果敢な行動から八〇〇年後に、フランシスコという名の教皇がアラビア半島への歴史的訪問を果たしたのは「神の摂理によるもの」であり、自らのうちにあったのは「キリスト教とイスラームとの対話が、今日の世界に平和を築くための決定的なものとなるよう願う祈り」であったと振り返っています（同年二月六日「一般謁見講話」、ペトロ文庫『教皇フランシスコ講話集7』五〇頁)。

二月四日に教皇は、UAE建国の父記念碑前で行われた諸宗教の集いに出席し、アフマド・アル・タイーブ師とともに共同文書「世界平和と共生のための人類の兄弟愛」(本書二五一頁)に署名します。

ここへと至るまでの、教皇とタイーブ師との交わりを簡単に振り返っておきます。

二〇一六年五月二十三日、タイーブ師がバチカンに教皇を訪問します。フランシスコの教皇就任前、カトリック教会とイスラームとの間には、前教皇ベネディクト十六世が二〇〇六年九月にレーゲンスブルク大学で行った講演(ペトロ文庫『霊的講話集二〇〇六』二五八頁)の一部表現が誤解を招いたことにより、少なからず緊張が生じていました。そのような背景もあって、このタイーブ師の教皇訪問は、両者の関係改善を象徴するものであるとして大きく報じられました。また、その実現の裏には、フランシスコ教皇が就任以来地道に行ってきた、師とムスリムに対する地道な働きかけが寄与してもいます。

二〇一七年四月二十八日には、タイーブ師の招待を受けて教皇がエジプトを訪問。同師と会談した後に、アル=アズハル大学主催の国際平和会議に出席しています。エジプトでは、前年十二月十一日、そして教皇訪問のわずか二十日ほど前の四月九日に、コプト正教会を標的とした自爆テロが起きており、合わせて七十名以上ものいのちが奪われました。この会議において教皇とタイーブ師は、いのちに対するあらゆる暴力を否定し、そうした暴力が神の名のもとに肯定されることを厳しく非難しました。こうした深い共感を得て、世界平和に向けての両者の協働は、より具体的なものとなっていきます。

同年十一月七日、バチカンのパウロ六世ホール書斎にて、教皇はタイーブ師と私的に面会しています。この日タイーブ師は、聖エディジオ共同体（一九六八年にローマの高校生によって始められた、アッシジの聖フランシスコの生き方に倣い、さまざまなボランティア活動などを展開する信徒使徒職団体）が主催する国際ミーティング「東洋と西洋、文明の対話」に参加するため、ローマを訪れていました。

このように教皇とタイーブ師は、互いへの敬意に満ちた親密さを温めつつ、異なるものの間に《橋を架ける》という共通の理念を見定めていきました。その具体的な実りとして、両者の共同文書への署名は果たされたのです。

二〇一九年八月、この文書に示された理念・目標を実現するため、ＵＡＥの強いイニシアティブにより、独立した国際組織である「人類の兄弟愛のための高等委員会」が設立されます。同会のメンバーには、教皇庁諸宗教対話評議会議長ミゲル・アンヘル・アユソ・ギクソット枢機卿も名を連ねています。同年十一月には、同会メンバーと、教皇フランシスコ、タイーブ師との会談も行われています。

二〇二〇年五月三日のアレルヤの祈りの際に教皇は、同高等委員会の提案を受け、新型コロナウイルス感染が拡大する中にあって五月十四日を「祈りと断食と愛のわざの日」とし、あらゆる宗教の信者が霊的に結ばれ、パンデミック収束を願って祈りをささげるよう呼びかけました。

同年十二月四日に同高等委員会のメンバーは、アントニオ・グテーレス国連事務総長と会談を行います。そして同月二十一日に国連総会は、二〇二一年より毎年二月四日、すなわち教皇とタイーブ師によって共同文書に署名がなされた日をInternational Day of Human Fraternity（人類の兄弟愛国際デー、仮訳）とすることを決定しました。

この国際デーの第一回には、ムハンマド・ビン・ザーイド・アール・ナヒヤーン皇太子の主催によりアブダビでオンラインミーティングが開催され、教皇フランシスコはタイーブ師とともにそれに参加しました。

本回勅で教皇は、国家や個人の利己主義により分断が加速度的に進み、一面ではグローバル化が進展していながらも、異なるものを受け入れずひたすら閉鎖的になっている現代世界の状況を深く危惧しています。しかし同時に、人類には間違いなく希望の道が開かれていることも力強く示しています。回勅で訴えられている理念と、教皇とタイーブ師との実際の交流は、それこそ車の両輪のようにして全人類に未来への希望を届けている、そういえるのではないでしょうか。

＊＊＊

本回勅の訳出にあたっては、前回の使徒的勧告『愛するアマゾン』では監修を担当していただいた、セルヴィ・エヴァンジェリーの西村桃子氏に翻訳の労をとっていただきました。日本語での表現に迷う箇所が本回勅には甚だ多く、西村氏の苦労も一方ならぬものであったと思います。ご尽力に心より感謝申し上げます。

なお、七月五日に、これまで教皇フランシスコの公文書の装丁を引き受けてくださっていた桂川潤氏がお亡くなりになりました。享年六十二歳。あまりに突然すぎる訃報を受け取ったのは、この『兄弟の皆さん』の装丁を依頼しようとする、まさに矢先のことでした。今回の装丁は、ご令室様に許可をいただき、桂川氏のデザインを継承して制作いたしました。ご遺族にあらためて感謝申し上げるとともに、クリスチャンであった桂川氏が神のみもとでの永遠の休息の中、この装丁に納得してくださることを祈るばかりです。

二〇二一年八月

カトリック中央協議会出版部

LITTERAE ENCYCLICAE

FRATELLI TUTTI

Libreria Editrice Vaticana Ⓒ 2020

回勅　兄弟の皆さん

2021年9月17日　発行　　日本カトリック司教協議会認可

著　者　教皇フランシスコ
訳　者　西村桃子
発　行　カトリック中央協議会
〒135-8585　東京都江東区潮見2-10-10日本カトリック会館内
☎03-5632-4411(代表)、03-5632-4429(出版部)
https://www.cbcj.catholic.jp/

印刷　株式会社精興社

定価はカバーに表示してあります　ISBN978-4-87750-231-7 C0016

乱丁本・落丁本は、弊協議会出版部あてにお送りください
弊協議会送料負担にてお取り替えいたします